U0017071

秦漢時代的簡牘
畫像與文化流播

今塵集

邢義田——著

卷三：簡牘、畫像與傳世文獻互證

目次

卷二　秦至晉代的簡牘文書

簡牘、畫像與傳世文獻互證

漢畫、漢簡、傳世文獻互證舉隅

　　第五屆「古文字與古代史」研討會主辦者李宗焜兄來信徵稿，指示會議研討將以不同性質之資料互證為主題。恰恰四年前赴河南安陽參觀曹操墓，得見數方由安陽警方追回，引起爭議的畫像石。參觀後曾草筆記若干，內容涉及漢墓石刻畫像、壁畫、榜題文字、出土器物、簡牘和傳世文獻，於徵稿主題尚無不合，遂不揣淺陋，略作補充，公諸會議，以求教高明。唯以下將先從一方山東泰安大汶口漢墓出土的畫像石榜題釋讀說起。

一　離其、離居、晉沙公

　　1960 年山東泰安縣城南大汶口公社附近一座漢墓中曾出土畫像石四方，其後移置泰安岱廟保存。著錄見於蔣英炬、吳文祺編《山東漢畫像石選集》（濟南：齊魯書社，1982，以下簡稱《選集》）。其中一石有晉獻公故事，《選集》圖 471（圖版 198）曾附如下說明：

> 拓本縱 43 厘米、橫 200 厘米，右略殘。畫面漫漶，刻孝子故事。左段一大樹旁，一人執鳩杖坐推車前，車後一人雙手扶輪，上有榜題「此荀□父」，其右一人執鋤耘禾苗，上有榜題「孝子趙荀」。中段二人榻上對坐，左邊榜題「此丁蘭父」，右邊榜題「孝

子丁蘭父」（可能誤刻一「父」字）。右段，一婦人，榜題「此後母離居」，一人執便面坐，上榜題「晉沙公員離其」，右一兒跪，兒後一人躬身立，榜題「此沙公前婦子」，右停輜車一輛。（頁46-47）

《選集》限於版面，縮小附圖，圖中榜題文字大部難以辨識。2000年出版的《中國畫像石全集（一）》（濟南：山東美術出版社、鄭州：河南美術出版社，以下簡稱《全集》）也收錄了此石。圖版較大，較清晰，榜題釋讀也有修改。例如「趙荀」改為「趙苟」，「此後母離居」改為「此後母離（驪）居（姬）也」，「晉沙公員離其」改為「此晉淺（獻）公員（被）離（驪）算」，「此沙公前婦子」改為「淺（獻）公前婦子」（頁76，圖版230說明）。

1992年夏參觀山東泰安岱廟，有緣得見原石，並意外獲得拓本一份。拓本拓製清晰，榜題遂可進一步辨讀（圖1.1-5）。證以拓本，《全集》改「趙荀」為「趙苟」，又認為「此後母離居也」的「離居」與「驪姬」通假，多釋一「也」字，這些修改和認識都屬正確。細讀拓本，較引起我注意的是「此淺公前婦子」和「晉淺公員離算」。原榜沙字清晰，「淺公」實應遵舊釋作「沙公」，「貝離算」應如舊釋作「貝離其」。董珊先生指出「貝離其」應讀作「被驪欺」。[1]一見此說，一度以為撥雲見日，允為的解。繼而思之，又覺仍有不安。頗疑「貝」字或應作「兒」，因形近而誤刻。如作兒，「兒離其」或可讀作「兒奚齊」，與傳世故事和畫面皆十分貼合。總之，新舊榜題釋讀有得有失，有待進一步釐清。因個人文字學知

1　本屆會議中得知董珊先生對大汶口畫像石榜題早有考釋。參董珊，〈山東畫像石榜題所見東漢齊魯方音〉，《方言》，2（2010），頁191-193，董文同名增補稿見復旦大學出土文獻與古文字研究中心網站：http://www.gwz.fudan.edu.cn/SreShow.asp?Src_ID=1174（2010.6.5發布）。

圖 1.1　山東泰安大汶口畫像拓本局部　作者藏拓本

圖 1.2　孝子趙苟　　圖 1.3　此晉沙　　圖 1.4　此後母　　圖 1.5　此沙公
　　　　　　　　　　公兒離其　　　　　離居也　　　　　前婦子

識淺陋，特勞請好友陳昭容代為疏通以下五條的前四條，又承顏世鉉、劉洪濤兄和黃儒宣博士補充不少資料。這些字的通假，王恩田和董珊先生大部分已作討論，唯引證有異同，以下仍先簡要說明：

1. **離與奚**　離，來母歌部（支韻）；奚，匣母支部。韻母部分，歌部支韻的字常與支部字相通。聲母部分，牙音的匣母與舌音的來母也常有相通之例，如習見的「位」通假為「蒞」、「涖」、「泣」。朱謙之指出《老子》第十、廿八章如「為天下蹊，常德不離，復歸於嬰兒」等歌、支部字通韻。[2]馬王堆帛書《老子》甲本「恆德不離」作「恆德不雞」，雖然雞字寫得似雞非雞，是一誤字，也許正因為韻近而誤書。[3]虞萬里指出，「周鄭音系歌支涇渭分明，楚辭音系歌支混而不分的方音音差已經很明晰地顯露出來了」。「上古歌部字在楚辭音系及山東一帶讀如支部音」。「西漢時期沿著長江北面一帶及山東等地區，歌支兩部的音讀是不分的，到了東漢，歌支的混雜，已成了全國較普遍的現象，不能再區分其方音性。」[4]本件畫像屬東漢，又出山東，歌支已混，離與奚應可通。

2. **其與齊**　其，群母之部；齊，從母脂部。聲母部分，牙音的群母與齒音的從母，上古音關係較遠。唯趙彤研究戰國楚簡，發

2　朱謙之，《老子校釋》（北京：中華書局，1984），頁 37-42、112-115。

3　按舊版馬王堆帛書《老子》甲本釋作「雞」，認為是離的誤字。新出裘錫圭主編，《長沙馬王堆漢墓簡帛集成（肆）》（北京：中華書局，2014）〈老子〉甲本釋文認為「雞」字乃「錯寫作似雞非雞之字」，遂另摹一非雞非離之字。見注 111，頁 53。

4　以上參虞萬里，《榆枋齋學術論集》，〈從古方音看歌支的關係及其演變〉，頁 15、22；〈山東古方音與古史研究〉，頁 55（南京：江蘇古籍出版社，2001）。

現見系聲母（見溪群疑）與精系聲母（精清從心邪）已見交替的例子。[5]又據李新魁的研究，脂、之二部到東漢已經部分合流。[6]就齊方言來說，脂部與之部字常常相混。[7]與之部押韻或通用的例子包括「郪」、「資」、「次」等都與「齊」地位相同或相近。[8]因此東漢末，「離其」通「奚齊」，應說得過去。

3. **離與驪** 離，來母歌部（支韻）；驪，來母支部。兩字雙聲。韻母部分，歌部支韻的字，常常與支部字相通。如《戰國策・燕策三》「高漸離」，《論衡・書虛》作「高漸麗」。[9]麗、離、驪通，其例甚多，不贅舉。[10]

4. **居與姬** 居，見母魚部；姬，見母之部。雙聲，之魚旁轉。《禮記・檀弓上》：「何居我未之前聞也。」鄭玄注：「居讀為姬姓之姬。」「離居」應即「驪姬」。王恩田先生大文已指出，完全正確。[11]

5. **沙與獻** 沙、獻相通，見鄭玄注，王恩田和董珊皆已言之。《儀禮・大射禮》：「兩壺獻酒」鄭注：「獻讀為沙。」《周禮・春官・

5 趙彤，《戰國楚方言音系》（北京：中國戲劇出版社，2006），頁 73-74。

6 李新魁，《李新魁音韻學論集》（汕頭市：汕頭大學出版社，1997），頁 9。

7 虞萬里，〈山東古方音與古史研究〉，收入《榆枋齋學術論集》，頁 54-76；王志平、孟蓬生、張潔，《出土文獻與先秦兩漢方言地理》（北京：中國社會科學出版社，2014），頁 74。

8 吳權，〈漢末齊地詩文用韻考〉，《東南大學學報（哲學社會科學版）》，2005 年第 6 期，頁 112；劉瑞民，〈以《公羊傳》為代表的齊語語音研究〉，溫州大學碩士學位論文（2014），頁 26。齊與次之關係據劉洪濤先生手示。

9 參高亨，《古字通假會典》（濟南：齊魯書社，1989），頁 673。

10 高亨，《古字通假會典》，頁 539。

11 高亨，《古字通假會典》，頁 397、537-539；王恩田，〈泰安大汶口漢畫像石歷史故事考〉，《文物》，12（1992），頁 73-78。

司尊彝》:「鬱齊獻酌」鄭注:「獻,讀為摩莎之莎,齊語,聲之誤也。」《禮記‧郊特牲》:「汁獻涗于醆酒」鄭注:「獻當讀為莎,齊語,聲之誤也。」晉沙公無疑即晉獻公。鄭玄齊地北海高密人,少為鄉嗇夫,學於洛陽,深知鄉音與京雅之異。鄭注所謂「聲之誤」每指齊語與洛下雅言語音之不同。[12]

以上需要進一步討論的是如何解讀「貝離其」三字。就董珊先生所引拓本及拙藏拓本看,四筆橫劃除最上一橫,字形大致清楚,自宜釋作「貝」或「見」。董珊曾作論證,讀「貝」為「被」,讀「離」為「驪」,讀「其」為「欺」,全句即晉獻公被驪姬所欺之義,句子因而讀通,頗可為說。原本準備盡棄己說,繼而發現有一些問題還須考慮:第一,這一讀法和今山東西南一帶漢代畫像題刻的語法習慣是否相合?第二,榜題中已有「離居」即「驪姬」,其名可否省作「離(驪)」?

魯西南漢代畫像榜題內容多為畫中人物身分、姓名或物品名,有時在前加一「此」字。大汶口這件畫像和著名的嘉祥武氏祠畫像榜題都是如此(例如武氏祠榜題「此騎吏」、「此齊桓公也」、「此君車馬」、「此丞卿車」、「此秦王」……)。[13]這類「此」字在榜題中可有可無。以「此」開頭,「此」即主語,後接名詞為謂語,用於標示身分、姓名或物品名等。用「此」字開頭的榜題還有另一種,如「此上人馬,皆食天(大)倉」。「此上」連言,以指示主語「人馬」。這一「此」字語法地位和前一類不同,不是可有可無。東漢畫像另有陳

12　參虞萬里論沙與獻,見〈山東古方音與古史研究〉,《榆枋齋學術論集》,頁 56;論聲之誤,見〈三禮漢讀、異文及其古音系統〉,《榆枋齋學術論集》,頁 112。

13　蔣英炬、吳文祺,《漢代武氏墓群石刻研究》(濟南:山東美術出版社,1995),頁 52-82。

述性的題記，如武氏祠所見伏羲等古帝王的題記多達十餘字；也有如「邢渠哺父」短僅四字，如老萊子娛親題記長達三十字；唯這類題記從不以「此」字開頭。[14]如果將「此晉沙公貝離其」讀作「此晉獻公被驪欺」或「此晉獻公被驪所欺」就成了陳述句。加「此」字的陳述句在語法上，和魯西南漢代一般題刻的語言習慣有違。或有人以為這句可斷讀為「此晉獻公，被驪欺」。這樣似乎可通，唯其構句方式在漢畫題記或榜題中無一例可循。

再者，畫像上既然已題有「離居（驪姬）」，為何此榜不題作「此晉沙公貝（被）離居（驪姬）其（欺）」？在東漢語言習慣裡「驪姬」一類的名字是否可省作「驪」？如要省字，一般習慣是省驪或省姬字呢？古代語法中例如「齊桓公」可省作「桓公」或「齊桓」，或者在前文已提及的情況下，後文可省作「公」。具體的例子如《史記·秦本紀》：「繆公問公孫支，支曰：『……』，問百里奚，奚曰：『……』。」司馬彪《續漢書·祭祀志》「論曰」謂：「世祖欲因孝武故封，實繼祖宗之道也。而梁松固爭，以為必改。乃當夫既封之後，未有福，而松卒被誅死。」前文已言梁松，後但言松，不省作梁。再如《太平御覽》卷七五四引《曹植集》〈畫贊〉：「齊彊、接、子，勇節徇命」。彊、接、子是田開彊、公孫接和古冶子之省，不省作田、公、古。不過，《後漢書·馬融傳》引馬融《廣成頌》有「茲飛、宿沙、田開、古蠱」句。李賢注：「茲飛即佽飛也。《呂氏春秋》曰：荊人佽飛，涉江中流……《魯連子》曰：古善漁者宿沙渠子，使漁山側……《晏子春秋》曰：公孫捷、田開強、古冶子事景公以勇…蠱與冶通。」除了佽飛，宿沙、公孫、田開和古冶都明

14　同上。

確是複姓。古人固有言複姓而省其名，但似乎沒有僅取複姓之首一字者。[15]如非複姓，人名如「驪姬」、「虞姬」之類，常省作「姬」，似不省為「驪」、「虞」。[16]古人省稱或縮略用語方式十分複雜任意，本文難以盡述。[17]漢代題刻中不免也會有些不合於一般習慣的現象，[18]不是不能以任意、例外或工匠知識有限等等去解釋，唯如此是否能令人心安？

第三，董珊曾引王力、蔣紹愚和唐鈺明之說，指出帶關係語的被字句在漢末出現，到南北朝增多，而大汶口這方畫像石屬東漢晚期，其題記「在帶關係語的被字句中算是比較早的例子。」[19]所謂帶關係語的被字句是唐鈺明所說的被字乙式（被＋施動者＋動），即「被＋驪（施動者）＋欺（動）」。問題在於東漢晚期讀貝為被，視「被」為語法上的被動乙式，是否算是比較早的例子？

王力、蔣紹愚和唐鈺明談以「被」字表被動式，其例證全出自傳世文獻。又蔣紹愚所談，主要是依據唐鈺明的語料統計。[20]唐鈺

---

15 承審查人提示，謹謝。複姓省稱之例又可參劉樂賢，《窮達以時》與《呂氏春秋‧慎人》收入氏著《戰國秦漢簡帛叢考》（北京：文物出版社，2010），頁 55-57。

16 縮略或省稱雖有任意性，但以兩周金文五十餘例為代表，人物名號多以保留全稱之末一、二字，省去首一、二字占絕大多數，參陳偉武，〈兩周金文中的縮略語〉，《愈愚齋磨牙集》（上海：中西書局，2014），頁 395-407。

17 陳偉武先生曾廣蒐甲骨、金文及先秦出土文獻中的縮略語並概論其方式，見前引《愈愚齋磨牙集》，頁 369-416。

18 例如武氏祠曹沫刺齊桓公故事曾出現「曹子劫桓」榜題，不作「曹子劫齊桓」、「曹子劫桓公」或「曹子劫公」。此句僅四字，無前後文句可參照，若題作「曹子劫齊」、「曹子劫公」，反不知齊、公指誰。

19 董珊前引文增補稿最末一句。

20 蔣紹愚指出其中若干語料雖有被字，並不表被動。參蔣紹愚，《近代漢語研究概況》（北京：北京大學出版社，1994），頁 222-223；《近代漢語研究概要》（北京：

明曾列表統計從先秦到六朝主要表示被動的「於」、「為」、「見」、「為×所×」、「被」五種形式所占的百分比。以東漢而言,以「為×所×」表被動的占百分之五十二,「見」占百分之十九,「於」占百分之十一,「為」占百分之七,「被」僅占百分之五。[21]在納入其統計的文獻中,以「被」表被動的比例最小。從整體趨勢看,自先秦到六朝用「於」、「為」表被動的比例明顯下降,「見」略上升,「為×所×」和「被」都上升,唯「為×所×」上升最為顯著。其次,唐鈺明指出東漢之前的「被」字句,大體是「被字甲式」(被+動)的天下,到了六朝才出現較多的「被字乙式」(被+施動者+動)。[22]他另外列了一個「東漢被動式頻率表」,針對東漢文獻(《論衡》、《漢書》、《潛夫論》、《吳越春秋》、《風俗通義》)出現的被動式用字頻率作了分析,表中「為×所×」頻率數字為 293,「被」為 29(29+0)。[23](29+0)的+號前一數字指甲式,後一數字指乙式。換言之,他在上述東漢文獻中沒有找到被字乙式的例子。果如所言,又如果將大汶口畫像中的「貝離其」讀作「被驪欺」,則這一畫像題記不僅僅是東漢文獻和非文獻性語料中被字乙式比較早,幾乎是唯一可考的例子了。

　　東漢晚期一個魯西南的石匠可以刻錯、別、訛字,也可能因方音借「貝」為「被」,但有多大機率可以不循占主流勢力的「為×

北京大學出版社,2006),頁 236-237。

21　唐鈺明,《著名中年語言學家自選集:唐鈺明卷》(合肥:安徽教育出版社,2002),頁 277。

22　唐鈺明,《著名中年語言學家自選集:唐鈺明卷》,頁 275-276。其意見基本和王力同,參王力,《漢語史稿》(北京:中華書局,2008),頁 491-496。

23　唐鈺明,《著名中年語言學家自選集:唐鈺明卷》,頁279-280。

所×」語法，不題刻作「晉獻公為驪姬所欺」？反而用「貝（被）」字，比較早地題寫出今天語法學家認為六朝以後才漸多的被字乙式？令人不免心生疑慮。

當然早已通行的口語語法，有時會較晚才出現在文字裡。換言之，口語中被字乙式可能通行較早，畫工石匠反而可能較早地在題刻中將口語「文字化」了。再者，唐鈺明並沒有窮蒐東漢典籍，文獻中其實有被字乙式較早的例子。例如魏培泉在《論衡・吉驗》找到一例：「舜得下廩，不被火焚」。[24]王充是東漢初至和帝時期的人。大汶口這一畫像石時代不明，唯從畫中驪姬髮髻樣式可知多半屬桓、靈之世，[25]其題記語法即便可視為被字乙式，時代上也比寫成於明帝至和帝時期的《論衡》要晚，只能算是比《論衡》晚而不

---

24 蔣紹愚《近代漢語研究概況》頁 223 和《近代漢語研究概要》頁 236 曾舉蔡邕《被收時表》「臣被尚書召問」作為帶關係語被字句在漢末出現的例證。但《蔡邕集》隋以後亡佚，今所見為後人所輯，其中字句是否能完全反映漢時文字習慣或竟摻雜較晚的用語，還須商酌。近人鄧安生校注《蔡邕集》〈被收時上書〉，完全不從嚴可均所輯，刊落「臣被尚書召問」一句，可見蔡邕原文不能十分肯定。請參鄧安生，《蔡邕集編年校注（上）》（石家莊：河北教育出版社，2002），頁 270。唐鈺明也沒有以蔡邕著作作為漢世語料的證據。不過魏培泉找到《論衡・吉驗》「舜得下廩，不被火焚」作為「被 AV」式（即唐、蔣所說的「被字乙式」）在漢代萌芽的例子。可是他緊接著指出：「在隋以前，這個句式並不發達。在西晉以前，例子極少。東晉到六朝末，此式雖散見於許多著作，但都是零星出現，只能算是『為 A 所 V』的陪襯角色。」參魏培泉，〈古漢語被動式的發展與演變機制〉，收入李壬癸、黃居仁、湯志真編，《中國境內語言暨語言學第二輯：歷史語言學》（臺北：中央研究院歷史語言研究所，1994），頁 298。

25 關於漢代畫像中婦女髮式和斷代的關係，請參邢義田，〈漢代畫像內容與榜題的關係〉，收入氏著，《畫為心聲》（北京：中華書局，2011），頁 85-91。大汶口畫像中驪姬頭髮和髮簪形式和山東金鄉所謂「朱鮪石室」以及河南密縣打虎亭畫像中的婦女十分相似，時代皆屬東漢晚期。

是比較早的例子。

因此，真正令人較為不安的還是在於大汶口晉獻公故事畫像中，共有三個題記，一律以「此」字開頭，其中兩個按習慣語法，另一個卻是其時極少見的被字乙式，不能不說有些突兀。又以這整方畫像石而言，其上另有榜題「此丁蘭父」、「此苟復（父）」（考證詳後）也都是當時習見的句式。諸題榜中唯有一榜為被字乙式，是否益發顯得突兀？我是語法外行，有待專家進一步去評估這樣的語法現象。

因有未安，本文斗膽嘗試另提一種較能配合畫面和故事的釋讀方案：即前文所說，讀「貝離其」為「兒奚齊」，全榜讀為「此晉獻公兒奚齊」。

前文已說明「離其」在音讀上或可通「奚齊」。如果音讀成立，則首先，這一題記「此晉獻公兒奚齊」在語法上，合於東漢魯西南畫像題刻的一般習慣，也和這方畫像本身其他題刻如「此沙（獻）公前婦子」語法一致；第二，讀為「兒奚齊」一來合於文獻中晉獻公的故事，二來也合於畫面的布局描繪。文獻中奚齊為驪姬子，驪姬陰欲以己子奚齊代太子申生，以寘毒祭肉欺獻公，進而誣陷申生於死。畫像正是速寫申生遭誣陷後，自刎的一幕。畫面中央偏左，有一戴進賢冠的人物面朝右，手執便面，跪在驪姬之前。這人和驪姬身後上方各有榜題標明身分。如將驪姬之前人物上方的榜題「貝離其」讀作兒奚齊，就畫面布局而言，驪姬立於奚齊身後，表明其前正是她所力挺的兒子。和奚齊面面相對的是舉匕首自刎的申生，二人中間有盛著毒肉翻倒的鼎。驪姬前的跪坐者如果是晉獻公，為彰示其君王身分，依照今天山東一帶東漢畫像慣例，應會戴君王特有的通天冠（如嘉祥武氏祠所見吳王、韓王、夏桀、本文圖 2.3 中的晉獻公

和圖 3.1 中的齊王），而不是和申生一樣的進賢冠。[26]這件畫像上奚齊和申生都戴進賢冠，應即表明兩人身分相若。

另外值得注意，這兩人之間的上方空處，有一對大小相當，相對爭食一蟲的飛鳥。石匠在這一特定的空間，安排一對爭食的飛鳥，無疑是用以比喻爭位的兄弟（圖 1.6-1.7），而不是比喻身分不相稱，又無相爭關係的父子獻公和申生。漢代畫像慣用象徵比喻，例子很多，我曾舉證討論。[27]如果以上的理解得當，以這樣的畫面鋪陳故事，可以說相當順暢自然。這一畫面結構和下文將談到的另一幅晉獻公故事畫像有類似之處，可以相互補充印證。

可是如此解讀，令人較不安的是必須將「貝」視為「兒」字之誤，似有誣不合己意者為訛誤之嫌。這是立論大忌。此外，還有一點令人不免疑惑：為何同一畫像中既稱晉沙公前婦「子」，又說驪姬「兒」？或「子」或「兒」是否有用字不一之嫌？我的觀察是：

第一，漢代石工畫匠的文字能力無法和文人士大夫相比。漢代墓葬刻畫題榜用字率意或筆劃不確，造成別、錯、訛字的相當多。[28]恰巧大汶口這一石就是用字率意和誤刻的絕佳例證。王恩田

---

26 冠式相關考證請參孫機，〈進賢冠與武弁大冠〉，《中國古輿服論叢》（北京：文物出版社，2001），頁 161-168。

27 這類例證太多，請參邢義田，《畫為心聲》，頁 138-196、398-439 論射爵射侯圖、撈鼎圖等。又這兩隻鳥是否可能是指慈烏反哺呢？不無可能。北京老山出土幽州書佐秦君柱形石刻上有「烏還哺母」題記和有兩鳥相對，口中銜物的畫面，唯兩鳥大小與姿勢和大汶口畫像頗有不同。大汶口畫像中的兩鳥大小相當，狀似兩鳥拉扯一蟲，秦君刻石上的兩鳥大小相差懸殊，比較像一小鳥哺食另一大鳥。申生為盡孝不惜自刎以成全其父獻公和後母的心意，此猶如傳說中孝子郭巨為成全孝道而不惜埋兒。不論何者為是，應都不影響大汶口畫像的主題意義。

28 漢畫榜題誤刻例請參邢義田，〈漢代畫像內容與榜題的關係〉，收入氏著，《畫為心

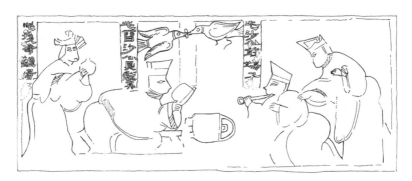

圖 1.6　作者線描圖

圖 1.7　拓片局部相爭的小鳥

圖 1.8　作者藏拓局部

先生和前引《選集》、《全集》的編
者都早已指出此石所刻孝子故事，
錯誤很多。畫面中間者榜題作「孝
子丁蘭父」、「此丁蘭父」，故事涉
一父一子，前一榜明顯多刻一
「父」字。這是一誤。又從畫面的
格套和武氏祠類似畫面的榜題可
知，其內容應是邢渠哺父，不是丁
蘭刻木為親的故事（圖1.8）。畫面
和榜題居然風馬牛，不是誤置了畫
面，就是刻錯了榜題。這是二誤。
在石的最左端，榜題作「孝子趙
苟」、「此苟復」，似乎應該是描述
孝子趙苟的故事。但「父」字誤刻
成「復」（圖1.9），這是三誤；[29]王
恩田比對武氏祠畫像，指出大汶口
一石的趙苟故事畫面，武氏祠是題

王恩田文附圖版　　《中國畫像石全
　　　　　　　　　　集》（一）

作者藏拓（1）　　作者藏拓（2）

圖1.9「此苟復（父）」三字四種拓
本比較

聲》，頁82-87。

29　苟下一字，王恩田先生識讀為一左「舌」右「各」之字，《選集》未釋而作「此苟
　　□父」。《全集》圖版說明頁76據字形造一上「化」下「田」之字。他們都認為苟
　　或苟、父之間另有一字，可商。其實比對石上其他兩「父」字的大小，即知此處
　　應僅有一字，上下或左右兩部分應視為一字，即「復」。比對榜題的不同拓本（圖
　　1.8），其實左側「彳」旁和右側復字上半的「人」和「日」，下半部件「夂」都還
　　可辨識。石匠不過是將「父」字誤刻成同音的「復」字罷了。參王恩田，〈泰安大
　　汶口漢畫像石歷史故事考〉，《文物》，12（1992），頁73-78。

作孝子董永、董永父。這是四誤。[30]大家都知道漢代畫像故事，尤其是魯西南一帶的，有幾乎定式的布局格套。許多畫像即便沒有榜題，也能憑藉格套式的布局結構辨識出來。[31]以上種種，都足以證明刻製大汶口畫像石的石匠相當粗心隨意。「兒」和「貝」二字隸書字形相近，其相異處主要在上方兩橫劃連或不連。這位石匠連連誤刻，再誤刻「兒」為「貝」，不算奇怪吧。

話說回頭，在秦漢時代如此連筆寫「兒」字的不少。「兒」訛寫作「兒」已見嶽麓秦簡（圖1.10）。近來北京大學購藏，疑抄於武帝時期的《老子下經》簡中兩處「嬰兒」的「兒」字一律寫作「兒」，[32]江西南昌海昏侯劉賀墓出土的宣帝時期漆書鏡框背板上也有「兒」字寫成「兒」（圖1.11）。漆書的隸書字極為工整，墓主又是身分非比尋常的廢帝劉賀，其墓漆書工匠的水準應在一般之上。然而已有學者指出劉賀墓漆書文字的訛誤和脫漏不少，「兒」字僅

---

30 已指出大汶口畫象石畫面和題刻錯誤的學者很多，最早為文討論的應屬王恩田先生。見前引王恩田，〈泰安大汶口漢畫像石歷史故事考〉，頁73-78。另可參王澄，〈山東江蘇漢畫像石榜題研究〉，《中國漢畫學會第九屆年會論文集》上（北京：中國社會出版社，2004），頁320-415。王恩田文最後曾提到武氏祠或大汶口畫像到底誰誤刻畫面，並不能完全論定。可以確定的是武氏祠董永故事畫面和大汶口畫像趙苟故事畫面結構相似，榜題卻完全不同，必有一誤。唯武氏祠刻畫和題榜都極其精緻講究，迄今山東漢畫像石之可考者幾無出其右，大汶口一石誤刻的機率，無疑較大。

31 參邢義田，〈格套、榜題、文獻與畫像解釋——以一個失傳的「七女為父報仇」畫像為例〉、〈漢代畫像解讀方法試探——以「撈鼎圖」為例〉，《畫為心聲》，頁92-137、398-439。

32 北京大學出土文獻研究所編，《北京大學藏西漢竹書（貳）》（上海：上海古籍出版社，2012），頁81、90。

其一例而已。[33]居延漢簡中多數「兒」字寫作「兒」（例如：簡
19.40、178.22、334.33、EPT26.3、EPT43.33A、EPT48.46、EPT48.53C、
EPT65.46），可見當時小吏不是不知道「兒」字的正寫，但有不少寫
得像「兒」（圖 1.10-1.14），甚至再多一筆橫劃作「皃」的例子（圖
1.15）。這樣的訛寫從秦以來已經存在，西漢一再出現，訛寫似已見
怪不怪。不論如何，漆匠、石匠或邊塞小吏的文字程度都不可能太
高，大汶口畫像石工將「兒」字寫成「兒」或訛成「貝」（圖 1.16），
都不意外。[34]

　　其次，漢石刻題榜經常子、兒二字並用。最好的例證見嘉祥武
氏祠。在武氏祠的魯義姑姊畫像中有榜曰：「兄子義姑姊」、「姑姊
兒」；梁節姑姊故事中有榜曰：「姑姊其室失火，取兄子」、「姑姊
兒」。其他故事榜題中或稱兒或稱子的還有很多（如「長婦兒」、「前
母子」、「後母子」），可見稱子或兒，或子、兒並用皆可，應無問題。

　　刻製大汶口畫像石的石匠雖然粗心隨意，但在畫面處理上也有
高明之處。第一，他懂得利用爭食的雙鳥暗喻相爭的兄弟，使畫面
多了想像和趣味；第二，他懂得如何以最經濟的手法表現完整的故事
或情節。晉獻公和申生的故事在漢畫像石中不少，[35]獻公、驪
姬、申生和奚齊都是主角。但只有這一幅省去獻公而利用「此晉獻

---

33 邵鴻，〈也談海昏侯墓孔子屏風〉，復旦大學出土文獻與古文字研究中心網站：
　　http://www.gwz.fudan.edu.cn/ 2016.2.24 刊，2016.4.15 檢索。邵文曾指出「兒」為
　　「兒」之訛。

34 審查人指出敦煌寫卷「兒」下半多寫成「八」，「足見民間率爾寫法之承襲延續
　　性。」

35 山東嘉祥宋山另曾出土兩方畫像石上有晉獻公和申生故事。詳見朱錫祿，《嘉祥漢
　　畫像石》（濟南：山東美術出版 1992），頁 37 圖 44、頁 44 圖 51。另山東石刻藝
　　術博物館也藏有晉獻公和申生故事畫像石。

圖 1.10 《嶽 麓簡》(參) 1209 正「兒」

圖 1.11 南昌 海昏侯墓屏風 「兒」

圖 1.12 《金關 簡 》EJT30.288 「諸兒」

圖 1.13 《居延 漢簡》219.8「卒 兒（倪）次」

圖 1.14 《居延 新簡》EPT49:87 「兒」

圖 1.15 《金關簡 （ 肆 ）》EJT37.673 「卒兒（倪）橫」

圖 1.16 大汶口 畫像「兒」

公兒奚齊」一個榜題和一位人物的刻畫，同時點出了兩個人物，保持了人物和情節的完整性。其他畫像常較笨拙地以較多空間，刻畫了所有的人物，下文即將談到的安陽畫像石就是一例。

　　大汶口畫像石拓片我獲得已久，也寫過讀畫札記，因題記釋讀一直難定，棄於篋笥二十餘年。如今膽敢姑妄立說，是因 2012 年在河南安陽看到了相關的新出畫像石，感覺釋讀有了轉機。該年 8 月 6 日走訪曹操墓，在高陵展示廳內見到由警方追回，四方頗完整的畫像石。8 月 9 日承曹操墓發掘人潘偉斌先生盛意，在鄭州河南省文物考古研究所，得見其助手打製的拓片。拓片甚精，畫面線條

圖 2.1　原石

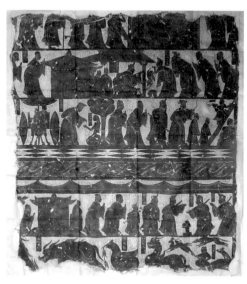

圖 2.2　潘偉斌拓片 2012.8.9，邢義田攝。

　今塵集：秦漢時代的簡牘、畫像與文化流播
　　　　　──卷三　簡牘、畫像與傳世文獻互證

和題刻文字都十分清晰。綜合原石和拓本的觀察，可以毫不遲疑地說，這幾方石刻不論是否出自所謂的曹操墓，[36]都是貨真價實的東漢產物。從刻石技法和畫像風格看，和魯西南出土的漢代畫像石極為接近，研究山東畫像數十年的楊愛國早已指出它們和山東地區的關係。[37]

有趣的是其中一方，有同樣晉獻公的故事，榜題作「前婦子字申生」和「晉沙公時也」。「晉沙公」三字特別引人注意（圖 2.1-2.5），因為這大有助於論定河南這批畫像石的原產地乃山東，為楊愛國之說添上一證。當今仿作畫像石的很多，但除非頗識齊魯古音，知「沙」即「獻」，否則幾乎不可能將一般熟知的「晉獻公」題刻成今人難以理解，甚至會被認定是錯誤的「晉沙公」。《中國

---

36 有關曹操墓的爭論頗多，因《曹操高陵》已正式出版，有詳細出土紀錄，又 2010年河南洛陽孟莊曹休墓出土大量和曹操墓類似的有銘石牌，可證曹操墓的石牌不可能出於今人偽作，無謂的爭論已可告一段落。請參河南省文物考古研究所、安陽縣文化局，〈河南安陽市西高穴曹操高陵〉，《考古》，8（2010）；〈河南安陽市西高穴曹操高陵〉（修訂本），收入河南省文物考古研究所編，《曹操高陵考古發現與研究》（北京：文物出版社，2010），頁 1-13；徐光冀，〈曹操高陵的幾個問題〉，收入中國考古學會編，《中國考古學會第十四次年會論文集》（北京：文物出版社，2012），頁 395-402。河南省文物考古研究所編，《曹操高陵》（北京：中國社會科學出版社，2016）。曹休墓報導參 CCTV《探索發現》20170727〈洛陽曹魏大墓發掘記（上）〉。

37 曹操因擁青州兵而大起，其後轉戰各地。其手下有青州工匠，似可想像。安陽去魯境甚近，豫、魯、蘇交界在畫像石分布上本屬一區，因此這一墓的畫像石和魯西南所出者風格一致，十分自然。這一點還有不少技法和構圖上的證據，需要另文詳論，本篇不贅。楊愛國指出這些畫像石的風格和山東地區的關係，認為它們「應該來自山東」。參河南省文物考古研究所編，〈加強基礎研究回歸學術探討——曹操高陵考古發現專家座談會發言摘要〉，《曹操高陵考古發現與研究》（北京：文物出版社，2010），頁 262。

圖 2.3　拓片局部　　　　　　　　　　　　　　　　　圖 2.4　榜題

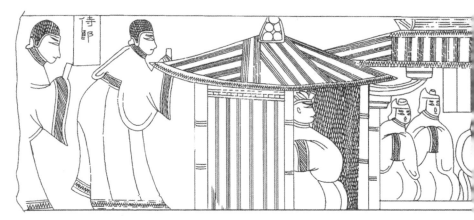

圖 2.5　潘偉斌贈局部線描圖全圖見《曹操高陵》圖 152，頁 233。

畫像石全集》將「沙公」釋成「淺公」正好證明今人之不解，更不必說今日有意仿刻的工匠。換言之，從沙字可以反證這方河南安陽的畫像石應屬漢世原刻，非今人仿製。

　　這一安陽晉獻公畫像布局和大汶口出土者相似，唯同中也有異。相同的是申生面朝左舉匕首自刎，其前也有打翻的鼎。不同的是安陽畫像人物較多且複雜：除了鼎，多了被毒死的犬，又多了頭

戴通天冠，腰繫印綬的晉獻公本人。獻公身後跪坐著兩位身形較小的人物。在另一屋簷下，帷幕之後有一跪坐的婦人。這三位人物都沒有榜題。但據文獻和大汶口、宋山畫像類似的布局，幾乎可以確信帷幕之後的是驪姬，身形較小的人物可能是隨侍獻公的佞臣，也有可能是驪姬的兩個兒子奚齊和卓子。[38]卓子在大汶口畫像中沒出現。安陽畫像兩端還有或許和墓主有關，帶榜的「侍郎」（圖2.5）。[39]侍郎非春秋而是漢代的職官名，明顯和晉獻公故事本身無關，可以

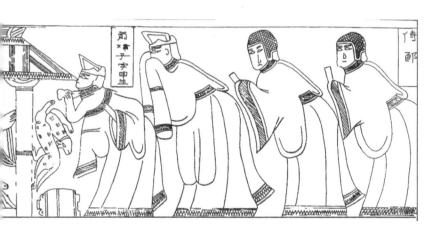

不計。就畫面主體布局而言，安陽和大汶口畫像有繁有簡（安陽畫像多了犬，少了相爭的飛鳥），人物有多有少（安陽畫像多了卓子（？）和獻公），但基本布局相似，是描繪同一個故事，毫無疑問。

38　《左傳》莊公廿八年以為驪姬生奚齊，其妹生卓子，《公羊傳》僖公十年和《穀梁傳》僖公十年都說奚齊和卓子皆驪姬子。

39　安陽這批警方追回的畫像石疑出同墓，其他石上也出現了人物侍郎和榜題。

附帶一提申生之死。經傳注疏大多言申生自縊而死。如《左傳・僖公四年》：「十二月，戊申，縊于新城」，《國語・晉語二》：「申生乃雉經于新城之廟」。縊、經皆指吊死。泰安大汶口和安陽畫像石所刻畫的是申生持匕首自刎。這和《穀梁傳・僖公十年》載申生：「刎脰而死」，《呂氏春秋・上德》：「遂以劍死」，劉向《說苑・立節》：「遂伏劍死」，王充《論衡・感虛》：「申生伏劍」，較為相合。以上或謂縊、經，或謂伏劍、刎脰，傳聞異辭，山東漢畫像可為後說添上一例。

■二 公孫挾、陳闓強

在前述警方追回的同一石上，還有二桃殺三士的故事（圖 3.1-3.3）。依據《晏子春秋》等文獻，晏子獻計所殺三士的名字是「公孫接」、「田開彊」和「古冶子」。和這三個名稱相同的榜題見於漢代居延邊塞簡（圖 4）和內蒙古和林格爾小板申壁畫墓（圖 5-6）。《居延新簡》EPT57.54 有殘句云「冶子、田開彊、公孫挾博於」。簡上「冶」字上半殘，但從殘筆可知其為「冶」字無疑。「田開彊」三字和傳世文獻同。「公孫接」作「公孫挾」；接，古音精紐葉部；挾，匣紐葉部，可通假。《儀禮・大射禮》：「挾乘矢」，鄭注：「古文挾皆作接。」和林格爾壁畫有清楚「晏子」、「田開彊」、「古冶子」和「公孫接」榜題文字。其中「彊」、「古」和「接」字筆劃雖有殘損，但仍可辨釋無誤。其用字和傳世文獻全同。又居延簡 387.7＋564.15 有「懷俠二心」（圖 7）一句，俠、挾可通，常見文獻，不必多說。總之，這些字固可因音近而通，證之前文所及之

圖 3.1　安陽畫像石拓本局部 2012.8.9 邢義田攝

圖 3.2　前圖局部　　　　圖 3.3　潘偉斌線描圖　　　　圖 4　《居延新
簡》EPT57.54

圖 5　和林格爾壁畫摹本照片局部

晏子	田開彊	古冶子	公孫接

圖 6　原榜見陳永志、黑田彰編,《和林格爾漢墓壁畫孝子傳圖輯錄》(北京:文物出版社,2009),頁 36-37。

圖 7　《居延漢簡》387.7＋564.15

例,民間書手匠人每每又僅因形似而誤書。此文限於旨趣,不擬再作文字學上的深究。

　　有趣的是前述安陽一石將「田開彊」題作「陳闓強」。原石上的陳闓強三字較拓本尤為清晰完整。和我一起走訪曹操墓的陳彥堂先生率先指出陳闓強即田開彊,我當場贊同。田、陳為一姓見《史記·田敬仲完世家》。《世說新語·文學篇》:「三日不讀道德經,便覺舌本間強。」強,僵也。前文曾引《後漢書·馬融傳》李賢注,注中所引《晏子春秋》「田開彊」作「田開強」。闓讀如開,見揚雄《方言》卷六:「闓笘,開也。東齊開戶謂之闓苦,楚謂之闓。」《漢書·兒寬傳》「發祉闓門」。師古曰:「闓讀與開同。」漢碑頗有「開」與「闓」相通之例,如韓勑後碑、孔耽神祠碑、祝睦後碑。[40]

40　詳見顧南原,《隸辨》(北京:中國書店景印康熙五十七年項氏玉淵堂刻本,1982),卷一「咍」第十六,頁 112。

三 舍利即猞猁？

近二、三十年有關「舍利」的討論基本上是由內蒙古和林格爾小板申壁畫墓中出現所謂的「猞猁」榜題引發。俞偉超先生在〈東漢佛教圖像考〉一文中曾引用李作智先生有關和林格爾墓壁畫較早的調查紀錄：

> 前室的壁畫保存較好，色彩鮮豔。頂部所畫雲氣紋中繪有四神，南邊靠中間畫一鳳鳥動物，傍題「朱爵」；在「朱爵」西邊稍偏下一些，畫有一人騎白象，左上傍題「仙人騎白券（俞先生按：應為「象」字）」。北邊中間畫有一繞蛇於龜身，傍題「玄武」。東邊墓門上方繪有一蛇形動物，傍題「青龍」。「青龍」之上畫有一盤腿坐於雲霧之中的人物，傍題「東王公」。在「東王公」的北側稍偏下一些的地方繪有一盤狀物內放有四個圓球形的東西，在其左上方題有「**猞猁**」二字。西邊頂部畫有一動物，傍題「白虎」。其上與「東王公」相對稱的位置上，也畫有一人物盤腿坐於雲氣紋中，傍題為「西王母」。「東王公」與「西王母」的身子上好像還畫有羽翼狀物，因當時光線太暗看不太清楚。……
>
> 上述情況係墓剛打開時所見情景，於 1972 年 5 月份第二次去調查時，該墓前室頂部的壁畫已脫落一部分，北邊的「玄武」，尚殘留一個「武」字，「東王公」、「西王母」已剝落，「**猞猁**」二字尚在，「仙人騎白券（俞先生按：應為『象』字）「的」仙」字還殘存大部分。

俞先生根據李作智較原始的調查紀錄，參證《大正藏》中的《法苑珠琳》、《金光明經》、《佛說興起行經》、《佛說未曾有經》，認為「猞猁」就是佛經中的「舍利」，也就是梵語佛骨的對音，「這個「猞猁」圖像的發現，又說明「舍利」之說傳入中土的時間，不

會晚於桓、靈時期」。[41]俞先生另引佛經，證明佛經中也稱佛為「仙人」，和林格爾墓壁畫的「仙人騎白象」榜題因此也與佛教有關。

俞先生大作原發表於 1980 年，引起很多關注，造成不小的影響。此後討論佛教進入中土的學者，即有人引俞說作為考古學上的新證據。[42]2002 年鄭岩發表《魏晉南北朝壁畫墓研究》，曾較全面地檢討了魏晉河西墓葬圖飾題材，並婉轉地指出「猞猁」即「舍利」的說法是根據和林格爾墓正式清理前目擊者的筆記，畫面在清理時已被破壞，無從核對，因此「和林格爾墓「猞猁」圖像性質是什麼，它與佛爺廟灣的「舍利」圖像有無關係，似乎都有待於進一步的討論。」[43]

誠如鄭岩所說，在清理後所作的壁畫摹本或出版的圖錄裡，都找不到猞猁的圖畫和榜題的蹤影。[44]而李作智紀錄中所說盤中盛四顆圓球和榜題「猞猁」的關係如何？未見說明。如果舍利即佛骨，是不是意指盤中的四顆圓形球呢？圓形球大小如何？形狀像所謂的佛骨嗎？李作智和俞偉超都沒有明說，迄今似也無人繼續追問。

這一公案未見了結。幸好以上同一批由警方追回的安陽畫像石提供了進一步研究的線索。其中有兩方畫像石上刻有「舍利也」、

---

41 俞偉超，〈東漢佛教圖像考〉，《先秦兩漢考古學論集》，頁 160。

42 例如信立祥，《中國漢代畫像石の研究》（東京：同成社，1996），頁 147；信立祥，《漢代畫像石綜合研究》（北京：文物出版社，2000），頁 176；巫鴻，〈早期中國藝術中的佛教因素（2-3 世紀）〉，《禮儀中的美術》鄭岩等中譯本下卷（北京：三聯書店，2005），頁 295。

43 鄭岩，《魏晉南北朝壁畫墓研究》，頁 169-170。

44 1978 年文物出版社正式出版的《和林格爾漢墓壁畫》曾表列所有的榜題文字，沒有「猞猁」；2009 年陳永志和黑田彰所編《和林格爾漢墓壁畫孝子圖輯錄》（文物出版社）曾補刊不少壁畫資料，也沒有「猞猁」。

圖 8.1　安陽畫像石拓本局部

圖 8.2　拓本局部「陽遂鳥」　　　圖 8.3　拓本局部「辟邪禽也」

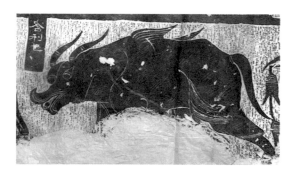

圖 8.4　拓本局部「舍利也」

「舍利禽」、「受福禽」、「辟邪禽也」、「陽遂鳥」等榜題的禽獸畫像。這部分畫面十分完整清晰，為我們提供了據榜識圖絕好的材料（圖 8.1-4、圖 9.1-5）。這樣的榜題從不見於已刊布的漢代畫像石。今人的仿刻常抄襲已知的出土品而稍變，如無已知者可依傍，仿刻無論在內容或構圖，甚至表現的細節上往往漏洞百出。今天的仿刻者大概也不會將顯而易見的「獸」題刻作「禽」。因此我相信這件石刻出於今人仿製的可能性極小。

安陽所出這兩方畫像上各有刻畫和榜題十分清晰的「舍利也」、「舍利禽」，雖說是「禽」，實為獸。不論禽或獸，由此可以確證漢人想像中的「舍利」是一種動物或神獸，也就是「猞猁」，不是佛骨。[45]畫像中這種動物的造型特徵是頭上有雙角，背上有翼，有單或雙尾，口吻部似龍，口中銜珠或環。類似造型的獸也可在甘肅敦煌佛爺廟灣的西晉畫像磚上見到（圖 10.1）。而這和李作智報導和林格爾壁畫墓的「猞猁」榜題旁不見動物，反有盛著四粒圓球形東西的盤狀物，大不相同。因無動物，李的報導很自然引導俞偉超先生認為猞猁指的是四顆圓球形東西，而聯想到舍利或佛骨。現在有了安陽的帶榜畫像，應可以澄清過去的誤會。

再看所謂的「受福」。榜題作「受福禽」（圖 9.5），其造型其實也像四足獸類，特徵是頭部圓耳圓首，背有翼，雙尾，前腳前伸向

45　按《魏書・釋老志》明確指稱火化後的佛骨為舍利，此與漢畫榜題舍利及《後漢書・安帝紀》「罷魚龍曼延百戲」條引《漢官典職》謂「舍利之獸從西方來」的舍利是一種動物，指涉完全不同。又舍利二字加犬旁，為時甚晚，不見於古代文獻。頗疑李作智先生所見「猞猁」二字或應作「舍利」。

46　以上原石圖版採自賈振林，《文化安豐》(鄭州：大象出版社，2011）拓本全部及局部乃作者所攝。感謝潘偉斌、賈振林先生提供資料。

圖 9.1　安陽畫像石原石　　　　　　　圖 9.2　潘偉斌拓本 2012.8.9 邢義田攝

圖 9.3　拓本局部

圖 9.4　拓本局部「舍利禽」

圖 9.5 拓本局部「受福禽」[46]

圖 10.1 甘肅敦煌佛爺廟灣西晉墓出土畫像磚上無榜題的「舍利」畫像

圖 10.2 甘肅敦煌佛爺廟灣魏晉墓出土畫像磚上有榜題的「受福」

上，捧著若干略呈橢圓的球狀物品。有趣的是在甘肅敦煌佛爺廟灣也可見到帶榜題「受福」的魏晉畫像磚（圖 10.2），[47]二者造型極其相似，唯一的不同是雙尾變成了單尾。由於現在帶榜「舍利」和「受福」的畫像最少已有特徵類似的各兩件可考，我們就不難據此去推證其他漢晉畫中沒有榜題的舍利和受福。

在作這類推證以前，還必須注意舍利和受福在畫中出現的相對位置和脈絡。非常幸運，佛爺廟灣西晉畫像磚墓有良好的正式出土報告，[48]附有墓門照牆上畫像磚原本的位置圖，我們可以準確掌握各畫像磚的相對位置以及磚上圖飾的意義脈絡。這個意義脈絡可分兩層：一層是舍利和受福磚本身出現的位置和相互關係；另一層是舍利和受福磚和其他畫像磚的關係和整體照牆圖飾的意義。

佛爺廟灣共出土墓葬六座，其中四座保存較為完好，時代皆屬西晉早期。這些墓的共同特點是墓門設於墓道末端照牆底部，均用青磚起三層拱券。墓門券頂以上照牆壁面垂直，寬、深與墓道同，以青磚夾嵌雕刻磚和畫像磚以仿門樓。舍利和受福畫像磚即出現在編號 37、39、133 號墓這樣仿門樓的照牆上（圖 11.1-6）。這些照牆上的裝飾磚，一磚一畫，從畫像內容諸如青龍、白虎、朱雀、玄武、麒麟、辟邪、天鹿、神馬、雙頭魚、帶翼神兔、白象、雞首人身、牛首人身神等等，可以看出全屬漢代以來視為祥瑞，有趨吉避邪作用的神禽或瑞獸，其屬於同一個意義脈絡可以說毋庸置疑。鄭岩曾據鄰磚畫面疊壓的現象，論證這些磚應是在墓室築成後所繪，

---

47 敦煌市博物館，《敦煌文物》（蘭州：甘肅人民美術出版社，2002）頁 59。
48 甘肅省文物考古研究所，《敦煌佛爺廟灣：西晉畫像磚墓》（北京：文物出版社，1998）。

並指出「在當時畫工的眼中，這些看似獨立於每塊磚上的畫面是統一設計、互相關聯的」。[49]舍利和受福出現在其中，其可能具有的意義基本上不可能越出「祥瑞」這一範疇。

在這個大的意義脈絡下，還應指出「舍利」和「受福」磚總是成組出現，它們彼此在意義上應另有特殊的關聯。第三十七號墓照牆上的舍利和受福磚出現在頂部第二排，有相同的兩組，左側一組的舍利和受福頭都朝右，右側一組的頭都朝左，形成朝中央，左右對稱的兩組。第三十九號墓的舍利和受福出現在頂部第一排，也有兩組，但各組的舍利和受福是頭對頭相對，但也構成左右對稱。第一三三號墓的舍利和受福磚位置比較不同，出現在底部中央，只有頭對頭的一組。它們在照牆上出現的位置雖有高低不同，二者成組對稱卻基本一致。這一點十分重要，後文將再討論。

接著，打算先比對一下安陽所出的兩方畫像石上舍利和受福畫像出現的位置。十分遺憾，這兩方畫像石是由警方追回，早已喪失它們原本在墓室中的位置以及和其他畫像之間可能存在的關係。因此，僅能說說它們在單塊畫像石上所居的位置。兩塊都有少許殘損，但舍利和受福的位置仍十分清楚，都出現在整方畫像石的最下層。其上或分三，或分四層，都是人物故事，各層有隔線或紋飾帶分隔開來。因此最下一層可以看成是具有獨立意義的單元，不必和上層畫像有意義上的牽扯。

以最下一層的布局來說，一件呈現舍利和受福一左一右，相互對望的構圖（圖 9.3）。另一件只見舍利獸出現在一連串朝左前進，帶榜禽獸「避邪禽」、「陽燧鳥」的前端，其前還有一禽或獸，可惜

49　鄭岩，《魏晉南北朝壁畫墓研究》，頁 146。

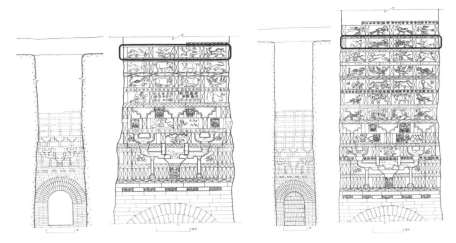

圖 11.1-4　M37（左）、M39（右）墓門及照牆線圖及局部，《敦煌佛爺廟灣：西晉畫像磚墓》，頁 18-19、26-27。

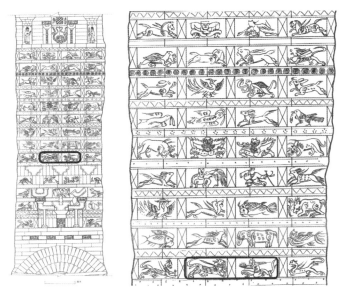

圖 11.5-6　M133 墓門及照牆線圖及局部，《敦煌佛爺廟灣：西晉畫像磚墓》，頁 37。

已殘去（圖 8.1）。這兩件的布局不同，因此其意義脈絡可能也稍有出入。前件只見「舍利」和「受福」左右相對，它們彼此似應有著意義上的關聯，這情形和佛爺廟灣的相似。

什麼關聯呢？或許應先從「舍利」和「受福」之名討論起。舍利的舍是動詞，可以有兩義：一或為收容、居處，舍利即容利、居利或處於利；或讀舍為捨，指捨利、施利或予利，兩義皆可通，難以確言何者為是。但我較傾向於讀作捨，因施捨或予利而後得受福，享受福份。如此捨利和受福反映一種利人利己的人生態度或哲學，在意義上可謂密切關聯。也就是說此二獸寓意相連，它們自成一組，是為人帶來福和利的瑞獸。根據這樣的理解，即可理解為何舍利口中銜著象徵「利」的珠或環，而受福前肢捧著象徵「福」的球狀珍寶。

在另一幅畫像石上，「舍利」和「受福」並不單獨存在，而是出現在更廣泛包括「辟邪」和「陽燧」等的祥瑞圖飾脈絡中。漢代有很多成組成套意味著趨吉避凶，求利去惡的祥瑞圖飾，例如青龍、白虎、朱雀、玄武大概是最具代表性的一組，可以出現在吉禮和凶禮的不同場合。目前所能找到「舍利」、「受福」、「辟邪」、「陽燧」四者可以重出互見的文脈是東漢鄭眾的百官六禮辭和三國曹植所作歌頌「眾吉咸集」的〈大魏篇〉。《通典》卷五十八杜佑說到東漢鄭眾「百官六禮辭」，認為其辭大略因於周制，又提到其婚禮納采禮物三十種並作按語謂：

> 禮物案以玄纁、羊、鴈、清酒、白酒、粳米、稷米、蒲、葦、卷柏、嘉禾、長命縷、膠、漆、五色絲、合歡鈴、九子墨、金錢、祿得香草、鳳皇、**舍利獸**、鴛鴦、**受福獸**、魚、鹿、烏、九子婦、**陽燧**。總言物之所眾者。玄象天，纁法地。羊者祥也，羣而不黨。鴈

則隨陽，清酒降福，白酒歡之由，粳米養食，穄米粢盛，蒲眾多性柔，葦柔之久，卷柏屈卷附生，嘉禾須祿，長命縷縫衣延壽，膠能合異類，漆內外光好。五色絲章采屈伸不窮。合歡鈴音聲和諧，九子墨長生子孫，金錢和明不止。祿得香草為吉祥，鳳凰雌雄伉合。**舍利獸**廉而謙，駕鴦飛止須匹，鳴則相和。**受福獸**體恭心慈，魚處淵無射，鹿者祿也，烏知反哺，孝於父母。九子婦有四德，**陽燧成明**安身。[50]

曹植所作〈大魏篇〉歌辭見《宋書》卷二十二陳思王〈鼙舞歌〉五篇：

> 大魏應靈符，天祿方甫始。聖德致泰和，神明為驅使。左右宜供養，中殿宜皇子。陛下長壽考，羣臣拜賀咸說喜。積善有餘慶，榮祿固天常。眾善填門至，臣子蒙福祥。無患及**陽遂**，輔翼我聖皇。眾吉咸集會，凶邪姦惡並滅亡。**黃鵠**游殿前，**神鼎**周四阿。**玉馬**充乘輿，芝蓋樹九華。**白虎**戲西除，**舍利**從**辟邪**。騏驎躡足舞，**鳳凰**拊翼歌。豐年大置酒，玉尊列廣庭。樂飲過三爵，朱顏暴已形。式宴不違禮，君臣歌鹿鳴。樂人舞鼙鼓，百官雷抃贊若驚。儲禮如江海，積善若陵山。皇嗣繁且熾，孫子列曾玄。羣臣咸稱萬歲，陛下長樂壽年！[51]

不論是以上那一種場合或脈絡，都和中土古代的吉禮有關，而無關乎佛教。必要稍稍一提的是安陽畫像上看到，也出現在上述婚禮禮物名單和歌辭脈絡裡的陽燧鳥。它到底是何吉祥物？陽燧不是一種

50　杜佑，《通典》（臺北：商務印書館，1987），頁336。
51　《宋書》（北京：中華書局點校本），頁627。

陽燧（約2/3）

陽燧拓片（約2/3）

圖 12.1-2　山東新泰出土青龍四年陽燧，《文物》，7（2012），頁 78-79。

今塵集：秦漢時代的簡牘、畫像與文化流播
　　　── 卷三　簡牘、畫像與傳世文獻互證

取火的凹面鏡嗎（圖 12.1-2）？[52]

　　陽燧固為取火器物，一方面有「成明安身」之用，另一方面也因自西漢中期以後，漢德由水、土轉而為火，[53]它無疑又被轉化成一種火德的象徵，而與富貴相關。在一枚肩水金關出土成帝陽朔三年正月戊寅的士吏視事文書簡上，曾明確記載「視事，日直（值）赤帝，三陽長日，利以入官視事。視事大吉，福祿日□，□□□事，數得察舉，陽遂高遷」等語（圖 13）。[54]據劉增貴研究戊寅正是三陽吉日。[55]從此可以清楚看見入官視事和「赤帝所值」之吉日、「陽遂」、「高遷」、大吉福祿等被想像成相互關聯。這也可和在山東嘉祥宋山東漢祠堂畫像（圖 14.1-2）、江西許昌畫像磚上出現的「陽遂富貴」、「陽遂富貴大吉利」題記或題銘等等相互呼應。[56]

　　在漢代象徵火德的還有朱雀。《漢書·地理志》河南郡「雒陽」條，師古注引魚豢云：「漢火行忌水，故去『洛』『水』而加『隹』。」「隹」即鳥，朱鳥或朱雀屬火，以「隹」代「水」，就是以火代水。魚豢是漢末三國時代的人，其依德運改字之說儘管有違事實，這反而更能折射出那時的儒生士人如何受德運說影響，將洛、雒視為改

52　穆紅梅、焦玉雲，〈山東新泰出土青龍四年陽燧〉，《文物》，7（2012），頁 78-79。

53　楊權，《新五德理論與兩漢政治》（北京：中華書局，2006）。

54　甘肅省文物考古研究所編，《肩水金關漢簡（貳）》（上海：中西書局，2012），簡 73EJT23:966-967。

55　參劉增貴，〈《漢書·翼奉傳》數術考論——以「時日」為中心〉，《新史學》，28:3（2017），頁 1-30。

56　黃留春編，《許昌漢磚石畫像》（鄭州：河南美術出版社，1994），圖 94、95：「陽燧富貴大吉利」、「陽燧富貴」銘磚。這類「陽燧」銘記還有很多，請參拙文，〈漢代畫像胡漢戰爭圖的構成、類型與意義〉，《畫為心聲》，頁 387-388 及注 102。

陽朔三年正月丁卯朔戊寅肩水
士吏政卯日視事日直赤帝三陽長日利以

73EJT23:966

入官視●事●大吉福綠日□□□事數得
察舉陽遂高遷□□□敢言之

73EJT23:967

圖 13　簡 73EJT23:966-967，
《肩水金關簡（二）》。

圖 14.1-2　嘉祥宋山東
漢祠堂畫像及局部，
2004.7.29 作者攝。

圖 15.1-2　高句麗德興里幽州十三郡太守墓壁畫及局部，「陽燧之鳥，履火而行」。

字，解釋成和漢火行忌水有關。[57]陽燧取火被想像成鳥，因而也象徵著火行以及火行當道而帶來富貴。這類象徵圖飾或者因為延續性強，或者因為其他原因，到西元五世紀初，高句麗德興里幽州十三郡太守墓壁畫上仍然以陽燧鳥為飾，其題記曰：「陽燧之鳥，履火而行」（圖 15.1-2）。[58]

　　以目前可考的資料看，舍利和受福不論名為禽或獸，其狀如帶

57　秦封泥有「上雒丞印」、「雒陽丞印」、「洛都丞印」、「洛丞之印」等，可見雒、洛二字和雒陽之名早就存在。王輝認為陝西洛南縣發源的東洛水在先秦時本有洛、雒兩種寫法，秦統一後作雒，漢代沿用，曹魏時才改作洛。參王輝，〈也說崇源新獲楚青銅器群的時代〉，《中國文字》，新 33 期（2007）；王偉，《秦璽印封泥職官地理研究》（北京：中國社會科學出版社，2014），頁 59。又湖南龍山里耶出土秦簡 8-230 有明白清晰的「雒陽」二字，與秦封泥所見一致。參《湖南出土簡牘選編》（長沙：岳麓書社，2013），頁 37。前人於魚豢之說久有爭議，其略見楊守敬纂疏，熊會貞參疏，陳橋驛復校，《水經注疏》（上海：江蘇古籍出版社，1989），卷十五「又東過洛陽縣南」條，頁 1315。
58　高句麗文化展實行委員會編，《高句麗文化展》（東京：高句麗文化展實行委員會，1985），頁 34。

翼之神獸，都出現在東漢至
西晉流行的各式祥瑞圖飾脈
絡中，其基本意義不外乎求
取富貴和獲得福份，甚或被
添上某些道德寓意（如受福
獸「體恭心慈」，舍利獸「廉而
謙」）。文獻中的獸，為何在
石刻中稱禽，是因為受福和
舍利有翼，想像中能走也擅
飛嗎？猶待解索。總體而
言，漢代百戲頗受域外文化
影響，而魚龍曼延戲中的舍
利獸又被認為來自西方，[59]

圖 16　歐亞猞猁（Lynx lynx），採自 Naturfoto
網站：//www.naturfoto.cz/rys-ostrovid-fotografie-
7465.html

此說應有來歷。古代文獻裡的舍利應即今天所說的動物猞猁。根據
現在動物學的動物分布知識，猞猁這種山貓類動物主要分布在北美
洲和歐亞大陸較北的寒溫帶森林；在中國，主要分布在四川、雲
南、西藏、青海山區和東北森林而為中原一帶所無（圖 16）。古代
文獻形容它是一種出現在漢代百戲中，來自西方的獸，應有一定的

59　《後漢書・安帝紀》「罷魚龍曼延百戲」條引《漢官典職》曰：「作九賓樂。舍利
　　之獸從西方來，戲于庭，入前殿，激水化成比目魚，噀水作霧，化成黃龍，長八
　　丈，出水遨戲於庭，炫燿日光。」（中華點校本，頁 205）或以為「從西方來」是
　　指從舞台的西方上，非指中國或華夏大地以西。此說疑不確。百戲中的舍利獸或
　　比目魚固然可能由人扮演，但比目魚文獻多云出自東方（如《爾雅・釋地》云『東
　　方有比目魚焉，不比不行，其名謂之鰈』），亦為祥瑞。與東方相對的西方，似以
　　理解為華夏或中國以西為宜。舍利化作比目魚，又化成黃龍，在表演場上象徵著
　　來自東和西的祥瑞競相出現。

道理。可是迄今可考的「舍利」和「受福」不論在文獻或圖像材料裡，都找不到和佛教相關的痕跡。

由於舍利曾被認為和佛教有關，敦煌佛爺廟灣西晉墓照牆上出現的所謂白象特別引人注意。佛爺廟灣考古報告曾徵引佛經的白象和蓮花，以專節指出白象和藻井上的蓮花紋

圖 17　章懷太子墓壁畫中的猞猁，採自周天游編《章懷太子墓壁畫》（北京：文物出版社，2002）。

「帶有佛教色彩」。[60]對此，鄭岩早已正確指出大象和蓮花在西漢和東漢的圖飾中都已普遍存在，並不能證明和佛教有關。[61]本文要特別強調的是即便白象、蓮花和佛教有關，它們和舍利、受福一樣，都已完全納入了一個明顯具有中土色彩的祥瑞圖飾系統；在這樣的系統裡，當時的人恐怕也僅僅視它們為諸般祥瑞之一，而不會覺得和佛教有什麼關聯。

最後稍稍一提，猞猁這種動物除可訓練以供百戲表演，在唐代也曾和獵豹一樣用於狩獵（圖 17），張廣達先生曾根據中外文獻和圖像資料，作過極詳密的考證。[62]

60　甘肅省文物考古研究所，《敦煌佛爺廟灣：西晉畫像磚墓》，頁 77-79。

61　鄭岩，《魏晉南北朝壁畫墓研究》，頁 168-170。

62　張廣達，〈唐代的豹獵——文化傳播的一個實例〉，《文本、圖像與文化傳播》（桂林：廣西師範大學出版社，2008），頁 23-50。

後記

「舍利即猞猁？」一節曾宣讀於 2014 年寧夏省文物考古研究所與北京大學古代史中心在銀川舉行的「粟特人在中國：考古發現與出土文獻的新印證」會議，並收入榮新江和羅豐主編《粟特人在中國：考古發現與出土文獻的新印證》（北京：科學出版社，2016）一書。參加該會者有域外語言文字專家，無中國古文字學者。參加本次會議者以中國古文字學家為多，現增補修改，以便向不同的專家請益。

本文得以完成，必須感謝慷慨提供並同意本人使用畫像石資料的潘偉斌先生，協助論證文字的好友陳昭容、顏世鉉、劉洪濤和黃儒宣博士。本次會議中，承董珊先生惠賜其大作，得以增補修改，謹此誌謝。會後又得顏世鉉、劉洪濤先生之助，作了不少修補，中研院語言所魏培泉兄也曾惠賜高見，十分感謝。最後還要感謝審查人的寶貴意見。唯仍然存在的一切錯誤，概由作者自負全責。

補後記

今年初為拙藏拓片拍照，將一袋袋舊藏翻出，才赫然發現竟然有兩張泰安大汶口畫像拓片。一張得之於泰安岱廟，一張得之於蔣英炬先生。兩張拓片拓製手法很不一樣，幸好榜題都清楚。蔣先生所贈者「此苟復」三字尤清，特補入此文，以取代舊稿較模糊的照片。

106.10.12

再補後記

因為特殊的機緣，得知曹操墓畫像榜題「舍利」二字實應作

「含利」。早先讀榜題時太受文獻中「舍利」一詞的影響，先入為主，沒有小心分辨榜題上「含」字和「舍」字的區別，也沒留心有些文獻版本的「舍利」作「含利」。曹操墓畫像「含利禽」口中含著璧或珠，意義就明朗了。稿中有關舍利和受福為一組的看法，因而須要修正。姑留原稿不改，以誌自己的粗疏和曾犯的錯誤。

109.4.22

「太一生水」、「太一將行」和「太一坐」的關係

讀郭店簡、馬王堆帛畫和定邊、靖邊漢墓壁畫的聯想

　　1993 年湖北荊門郭店一號墓出土八百餘枚戰國中晚期竹簡，其中有一篇經整理定名為《太一生水》，十幾年來從事古文字和思想史的學者作了大量研究，增添了許多我們對戰國時代思想的新認識。[1]這些研究者一般來說較常注意文字性的材料，而於無意之中讓非文字性的材料溜出了視線；研究美術、美學或藝術史的則又多以圖像資料為對象，較少在意出土或傳世的文獻。這不是學者刻意如此，而是長期以來學術社群崇尚分工，強調專業，結果各守疆域，各說各話，每每陷入認識上的片面，令人惋惜。

　　這種情況當然不能一概而論。以本文打算討論的「太一」來說，李零先生就是例外。他曾特別指出：「對於研究『太一』，文

---

[1]　相關研究極多，因非本文重點，不一一列舉。僅以 2000 年在北京舉行的新出簡帛國際學術研討會為例，即有馮時、劉祖信、貝山、劉文英、廖名春、歐陽禎人六篇論文直接針對太一生水篇。參艾蘭、邢文編，《新出簡帛研究》（北京：文物出版社，2004），頁 251-287。

字的材料固然重要，但「圖」的線索也不容忽視。」[2]我完全同意他的看法。其實不限於太一，各時代的概念、思想或信仰，甚至名物制度固然會存在於其時代的文字裡，也可能以別的形式——例如圖像——表現出來。綜合把握文字性和非文字性的材料，對理解各時代的思想、概念、信仰和名物制度等等都有幫助。

2003 和 2005 年，陝北定邊郝灘和靖邊楊橋畔先後發現兩座東漢壁畫墓（圖 1、2、5、6、6.1）。[3]這兩墓壁畫基本上都保存良好，畫面完整，線條分明，色彩鮮麗。壁畫中都有一結構極為相近，以前未曾出現過的主題——太一坐。其中定邊郝灘墓室西壁之圖更有清晰完整以隸書寫的榜題「大（太）一坐」三字（圖 3、4）。這個太一坐圖至今似乎還沒有引起太多的關注，也不見有人將它們和早於它們幾百年的郭店簡《太一生水》篇連繫起來。因為我不曾見過原墓和原壁畫，所知有限，僅能根據已刊布的資料，大膽作點介紹，希望引起大家注意。又因為陝北這些「大（太）一坐」圖的出土，迫使我重新思考馬王堆三號墓所出的「太一避兵」、「太一將行」或

---

2 李零，〈讀郭店楚簡《太一生水》〉，《中國方術續考》（北京：中華書局，2006），頁 334。例外當然還有。譬如長年研究簡帛的馬怡，近年利用漢代畫象和出土實物解決簡帛文獻裡的名物制度問題，成績斐然。

3 定邊漢墓相關資料見國家文物局編，《2003 中國重要考古發現》（北京：文物出版社，2004），頁 104-108；陝西省考古研究所、榆林市文物管理委員會，〈陝西定邊縣郝灘發現東漢壁畫墓〉，《考古與文物》，5（2004），頁 20-21；比較詳細的墓室結構和壁畫介紹見孫大倫，〈郝灘東漢墓壁畫藝術述略〉，《陝西歷史博物館館刊》，13（2006），頁 271-275；陝西省考古研究院編，《壁上丹青：陝西出土壁畫集》上（北京：科學出版社，2009），頁 76。靖邊漢墓資料見國家文物局編，《2008 中國重要考古發現》（北京：文物出版社，2009），頁 116-120；陝西省考古研究院、榆林市文物文物研究所、靖邊縣文物管理辦公室，〈陝西靖邊東漢壁畫墓〉，《文物》，2（2009），頁 32-43。

圖1　定邊郝灘王莽至東漢初墓墓室西壁，《壁上丹青：陝
西出土壁畫集》上（北京：科學出版社，2009），頁76。

圖2　同上局部，康蘭英女士提供照片。

圖3　同上局部，「大（太）一坐」圖及榜題，康蘭英女士
提供照片。

圖4　大（太）
一坐榜題

圖5　靖邊楊橋畔東漢一號墓前室東壁，《壁上丹青：陝西
出土壁畫集》上，頁83。

圖 6　靖邊楊橋畔東漢一號墓前室東壁，《壁上丹青：陝西
出土壁畫集》上，頁 89。

圖 6.1　靖邊楊橋畔東漢一號墓前室東壁，《壁上丹青：陝
西出土壁畫集》上，頁 89 局部。

「太一生水」、「太一將行」和「太一坐」的關係　　061

「太一祝圖」帛畫到底和「太一生水」說是否有關，也不得不再想想怎麼「讀圖」的問題。

一　對馬王堆「太一祝圖」帛畫的再思考

　　數十年前長沙馬王堆西漢初三號墓出土了一件所謂的「社神圖」、「神祇圖」、「太一出行」、「太一將行」、「太一避兵」或「太一祝圖」帛畫（圖 7.1-3）。這件帛畫的可貴在於有許多文字題記，提供了認識畫中內容最直接原始的指引。可惜原件已殘損，雖經拼綴，如何恢復其原貌以及圖文的對應關係，仍多討論的餘地。過去幾十年，已有無數學者作了分析和命名；其名稱至今仍紛紜如前述，而其性質和意義也未見達成共識。

　　學者之所以將帛畫命名為「社神圖」、「太一出行」、「太一將行」、「太一避兵」或「太一祝圖」，主要是因為其上所謂的「總題記」中有「太一祝曰」云云，被認為是太一像的題記中又有「太一將行」云云的字樣。[4]帛畫頗有殘損，目前其上可辨識的神靈最少有五位，哪一位是太一呢？李零、陳松長、李淞、胡文輝、劉增貴、來國龍等先生都以為是畫面上端位置較高，較中央的一位。[5]

4　參陳松長，〈馬王堆漢墓帛畫「神祇圖」辨正〉，《簡帛研究文稿》（北京：線裝書局，2007），頁 314。

5　李淞，《論漢代藝術中的西王母圖像》（長沙：湖南教育出版社，2000），頁 281；胡文輝，《中國早期方術與文獻叢考》（廣州：中山大學出版社，2000），頁 145-158；劉增貴，〈秦簡《日書》中的出行禮俗與信仰〉，《中央研究院歷史語言研究所集刊》，72：3（2001），頁 503-541；來國龍，〈馬王堆「太一祝圖」考〉，《浙

圖 7.1　太一出行帛畫，《馬王堆漢墓文物》（長沙：湖南出版社，1992），頁 35。

圖 7.2　太一祝圖，《長沙馬王堆帛書集成（二）》（北京：中華書局，2014），頁 144。

圖 7.3　廣瀨熏雄作局部復原線描圖，采自《談〈太一將行圖〉的復原問題》，頁 390 圖 10。

這不失為一種解釋，而且是當今的主流意見。

這一主流意見是建立在帛畫有一「總題記」的共識和帛畫目前的綴合大致可以信據的前提上。可是如果一想漢代繪畫作品有沒有所謂的總題記？再仔細考察一下目前的綴合，就可以發現還有不小可以商榷的餘地。

2014 年復旦大學出版《長沙馬王堆漢墓帛書集成》，將此畫重新命名為「太一祝圖」，並刊出榜題殘帛局部調整後的圖版。可是或許由於這套書比較偏重帛書文字的重新考訂，對於沒有文字或與文字無關的帛畫，或不收錄或不作較全面的重綴。即使大家接受帛畫榜題調整後的現狀，怎麼讀畫仍是問題。例如根據同樣的帛畫，曾反覆讀圖和思索的李零，原本主張上層中央者為太一神，後來接受饒宗頤之說，轉而認為太一是指「三龍中位於上方的那條龍。」[6]他的看法會變，一方面是受他人影響，一方面也反映出畫面上的圖、文如何對應，其實並不那麼明確，如何解讀明顯存在著多種可能。[7]

1. 圖文布局的規律

讀馬王堆漢墓出土的這一類帛畫，私意以為應先注意圖、文安排有無一定的規律。十幾年前陳松長先生刊布了經重新拼綴復原，

江大學藝術與考古研究》創刊號，第一輯（2014），頁 1-27。

6　其意見的改變詳參李零，〈「太一」崇拜的考古研究〉、〈「三一」考〉、〈讀郭店楚簡《太一生水》〉，《中國方術續考》，頁 158-181、182-193、330-342。

7　關於此件帛畫的圖文內容大要，陳松長曾有清楚精要的概述，請參其〈馬王堆漢墓帛畫「太一將行」圖淺論〉第一節「帛畫內容考述」，《簡帛研究文稿》，頁 293-296。

另一塊重要的馬王堆帛畫——《天文氣象雜占》。[8]這幅占書上的圖和文字據陳松長研究，非一人一時之作，而是占雲、占星和占氣之術的長期積累，作者非止一人。這一看法應可接受。不過，在製作上，這件帛書的圖文墨色和筆跡雖不全同，應是依據某一或某幾個已經存在的占書，由一、二人一次抄繪而成。不論原占書是抄於竹或帛上，格式如何，墓中出土的帛抄本，圖文布局井然，規律一致，圖一律在上，文字題記一律在圖的下方（圖8）。[9]這提示了一個可能，亦即同一墓所出的其他帛畫，雖不一定由同一作坊或同一人同時所作，當時在抄製這類帛書或帛畫時卻可能依循著類似的圖

圖8　天文氣象雜占帛圖，《出土文獻研究》，第八輯（上海：上海古籍出版社，2007），頁3。

8　陳松長、劉紹剛、王樹金，〈帛書《天文氣象雜占》釋文再補〉，《出土文獻研究》，第八輯，頁43-64，圖版見頁3-9。

9　參王樹金，〈帛書《天文氣象雜占》「列國雲占」探考〉，《出土文獻研究》，第九輯（上海：上海古籍出版社，2010），頁132-139。參加過帛圖重綴的王先生說：「這幅帛書從上到下可分為6列，每列從右到左又分成若干行，每行都是用墨或朱砂，或朱砂和墨並用繪成圖像，每一圖像下書寫的文字，其內容或是標出名稱，或是解釋圖像。」（頁132）又關於此帛圖的研究和綴合過程，詳見王樹金，〈馬王堆帛書《天文雜占》研究三十年〉，原刊《湖南省博物館館刊》，4（2007）；轉見武漢大學簡帛研究中心〈簡帛網〉：http://www.bsm.org.cn （2010.11.9 檢索）。

文布局規範。製作這一類陪葬之物如果是任由工匠自行其是，隨意而為，沒有習慣性較一致共同的規範，反而更令人難以想像。

　　馬王堆出土這件名為「社神」、「神祇」、「辟兵」、「太一將行」或「太一祝圖」的帛畫以現在的復原狀態看，其布局已表現出了一定的規律。照整理者理解，畫面右側邊緣是所謂的總題記，由上而下單行直書，可惜起頭的部分已殘闕。總題記之說幾乎為所有的研究者所接受，我以前也這樣相信。其左側畫面大致又可分為上中下三層：上層甚殘，除中央畫有一神，左右明顯各有榜題殘文和殘損極嚴重的神靈，其形貌僅餘若干線條而已，從榜題知道其中應有雨師和雷公。但雨師和雷公各應和哪些部分的圖對應，不容易確定（詳下）。中層是指有「武弟子…」等榜題的一層，左右有較完整的神靈各二人。下層是指位居下方中央的一龍和其下左右相對的二龍。

　　就這一件帛畫的圖文整體的布局而言，可以看出的規律有三：

　　(1) 榜題或題記在相關神靈圖像的右側較接近的位置，這以中層右邊裝扮相類的兩位武弟子和左側一位舉手向上的神靈（陳松長稱之為「武弟子像之三」[10]）看得最為清楚。題記「武弟子，百毋敢起，獨行莫〔理〕」和「桑林☒百兵，毋童（動），□禁」分別出現在兩位武弟子圖的右側，又題記「我虎裘，弓矢毋敢來」出現在左側舉手向上神靈的右側；

　　(2) 題記或在神靈圖像的下方，上層中央的神腋下有一字外加圈的「社」字，下層左右二龍的題記「青龍奉容」、「黃龍持鑪（爐）」分別出現在二龍頭部之下可為其例；

　　(3) 題記或隨神靈面孔的朝向，在左或在右。中層左側舉手面

<hr>

10　陳松長，〈馬王堆漢墓帛畫「神祇圖」辨正〉，《簡帛研究文稿》，頁314。

孔朝右一神，其題記在右，下方二龍面孔一朝左，一朝右，其題記也就分在左右。如果神靈面孔朝前，基本上其題記即居於圖的右側。中層右側二神和中層最左一神面孔朝前而題記在右，是其例證。最左一神的右側原帛已完全殘損，推想其右側原本應有題記存在。以上三個規律有時重疊互見，例如下層二龍的題記，既在龍頭下方，也隨龍首朝向而分在龍身的左或右側。

以上的觀察如果可以成立，那麼就有必要重新檢討上層圖像和題記的關係。上層復原的帛片極其殘碎又多互不連屬，以目前的拼綴狀態來說，上層最右端全殘，居於最右一神的面孔朝右，可以推想其題記原應在右側已殘失的帛上。換言之，其左側雨師云云的題記並不一定屬於雨師。[11]又從中下層各神靈都繪出全部的身軀看，上層右側此神頭部出現的位置也十分奇怪。因為祂的頭部和中層右側武弟子的位置太過接近，如此將沒有留下足夠的空間去繪製祂的身體。上層中央長有狀似鹿角一神的頭部面孔朝前，按規律其題記應居於右側，可惜右側帛面全殘。其左側的題記「太一將行」云云，單純從圖文布局規律看，應是更左側某神的題記。如果依照廣瀨薰雄的復原，「太一將行」云云應和另一殘片的題記接續而成「太一將行，何日〔□〕光。風雨靁（雷）／神，從之以行，□從者死，當／〔□□□□□□□□〕左弇其／〔□□□□□□□□□〕右稷

11　依廣瀨薰雄先生的復原，「雨師」字下方題記殘帛已移到中央神像的左側，參廣瀨薰雄，〈談《太一將行圖》的復原問題〉，收入湖南省博物館編，《紀念馬王堆發掘四十週年國際學術研討會論文集》（長沙：嶽麓書社，2016），頁384-394。本文附圖7.3。

寇」的長篇題記。[12]將此長篇題記視為中央頭上有狀似鹿角之神的題記，實有疑問。因為此神右側腋下已有特別用圓圈圈起的「社」字。這是全圖已綴部分唯一用圓圈圈起的榜題，私意以為社才更像是此神的名稱。又這神現在所復原的頭部和身體部分互不連屬，身體並不在頭的正下方而略呈偏斜，十分怪異，需要調整。[13]因為其他各神復原後的身體都在頭的正下方，頭與軀幹挺直，方向一致才較正確。上層左側有一「雷」字，其右有面孔似乎朝前的某神殘像，由於太過殘碎，殘片互不連屬，「雷」字和此像距離又較遠，我感覺還不易肯定此榜和此像的關係。[14]

　　整體來說，上層殘片上的圖和榜題，包括中央頭頂有若鹿角狀之一神的頭部，目前的拼綴都有較嚴重的問題，需要重綴。李淞即曾據帛片疊痕提出調整方案，將這一頭部殘片移置到全圖的左側上端。[15]這個方案雖不一定可行，但它完全打破了既有的認定和印象，在概念上很有助於今後大膽打破框架，進行重新拼綴。這幅畫的上層，因殘片互不相屬，缺失的部分又較多，最好將曾出土尚存於庫房，目前卻還沒有綴合上去的殘片盡可能拼綴上去。[16]經此努

12　廣瀨薰雄，〈談《太一將行圖》的復原問題〉，頁388。

13　按廣瀨先生的復原已作了調整，參本文附圖7.3。

14　依廣瀨先生的復原，「雷」字右側面孔朝前的某神殘像已移到中央神像的右側，參本文附圖7.3。

15　李淞，〈依據疊印痕跡尋證馬王堆3號漢墓「大一將行圖」〉，《美術研究》，2（2009），頁44-50。

16　《長沙馬王堆漢墓帛書集成》刊布了不少過去未曾公布的殘碎帛片，但限於有文字筆劃的，沒有文字的即不刊。太一祝圖上端殘碎較甚，應另有殘帛，《集成》只刊出榜題局部重綴後的太一祝圖全圖和局部圖。未刊殘片情況請參注11引廣瀨文。

力，或許才比較有希望進一步確定各神的位置和身分。據我所知，除了陳松長、李淞、喻燕姣、黃儒宣等人曾重綴馬王堆帛畫或提出復原方案，[17]近來廣瀨薰雄也針對太一將行圖進一步補綴殘片並作出較合理的復原。不過，誠如廣瀨先生所說「《太一將行圖》的復原仍有不少問題」，進一步的復原方案還待努力。[18]

暫時擱下帛畫上層，以中下層來說，由於有原帛折疊時留下的色彩和線條反印痕跡為據，復原的可靠性要高多了，基本可以信從。中層中央之神右側腋下有一「社」字，這個社字又和其左側身體的部分屬同一片帛，因此位置沒有問題；從社字推定這個身體部分為社神，依前述規律，應較合理。前文已提到目前所復原此神的頭部右側的原帛殘去了一大片。這一大片是否曾有題記，目前無法肯定；如另有題記，上層中央這長有鹿角狀的頭是其他神靈的可能性就不能排除。中央這位神靈的頭部左側雖有「太一將行」等雙行

17　參前引陳松長，《簡帛研究文稿》所收相關各文，又參《出土文獻研究》第八輯刊布的馬王堆漢墓帛書《天文氣象雜占》新綴合的圖版，頁 3-9。2010 年曾以電子郵件詢問陳松長先生是否已對「太一將行」帛圖進行新的拼綴，據他 2010.1.7 的答覆是目前還未進行。又參黃儒宣，〈馬王堆《辟兵圖》研究〉，《中央研究院歷史語言研究所集刊》，第 85 本第 2 分（2014），頁 167-207。

18　2014 年長沙湖南省博物館舉辦紀念馬王堆發掘四十周年國際學術研討會，會中廣瀨薰雄發表了〈談《太一將行圖》的復原問題〉對綴合和補綴未曾發表的殘片有了新的推進。他綜合周世榮、李淞、喻燕姣等學者及自己的發現，檢討原帛畫的折疊方式和反印、滲印痕，移動了部分題記殘片的位置，重新確定中央主神為太一，提出新的復原方案，但認為題記「太一祝曰」四字不一定是題記的首句，可有不同方式的句讀，因此改命名為太一祝圖不一定合理，仍名之為太一將行圖。他的態度十分審慎，但確實如作者自己所說仍存在不少問題。例如新方案中的某些反印痕遺漏或並不能完全對應，又既然移動了題記殘片的位置，即不能不重新考慮題記和圖中諸神的相對關係以及本文所論圖文配置有無規律的問題，這些都有待繼續努力。

題記，但這題記應屬左側已殘損的某位神靈，不屬於中央被認為是太一的這一位。果如此，中央這一位，最少就較可靠的身體部分來說，應是社神。

將祂視為太一而否定社神說的諸學者並不是沒有注意到其腋下有一社字，為何同一神會有「太一」和「社」兩個榜題？李零曾解釋這是因為「太一」和北斗皆居中宮，中宮於五行方位當土位，社字從土，為土地之神。[19]換言之，因「太一」和「土」在古代宇宙圖式的方位上都居於中，因此以位置而言，「太一」和「土」可二而一。此說有其道理。

但或許仍然可以提問：第一，為何所謂的榜題中僅有社字外加圓圈？這一點為過去的討論者所忽略。我自己也疏忽了。大家不可能沒看見社字外有圈，但可能沒思考過它是否具有什麼特殊意義或作用。第二，從先秦到漢初，在這一類可考的帛畫上，有題記文字的同一圖畫旁側，可曾有題寫一個以上榜題或題記的？如果允許同一圖畫多榜題，觀圖者如何據所題文字去識圖而不生混淆？又一圖多榜，是否符合古代圖、文標示的傳統或習慣？

其所以如此提問，是因為天文氣象雜占帛圖經過重新綴合後，陳松長和王樹金等先生都指出製作過程應是先繪圖，再寫相關的文字，文字無疑是用來說明圖的。[20]如此一來，在同一圖兩側或其上下，幾乎不可能出現兩組內容不同的說明文字。如果圖文標示有一定的規律，一圖只允許題寫一榜或一題記，目前的太一神有一榜和

19　李零，〈「太一」崇拜的考古研究〉，《中國方術續考》，頁 176。

20　王樹金，〈馬王堆帛書《天文氣雜占》研究三十年〉，原刊《湖南省博物館館刊》，4（2007）；轉見武漢大學簡帛研究中心〈簡帛網〉：http://www.bsm.org.cn（2010.11.9 檢索）

一題記，即不免令人難以全然安心。

被圈起的「社」字榜題，標示的方式和長篇題記有別，私意以為這正是為了提示觀畫者其旁神靈的身份是社神。這種標示方式也見於馬王堆同出的其它帛圖，例如箭道封域圖和地形圖上，凡人為建置如地名、里名或某某都尉軍外加圓或方框，凡說明性或注記性文字都書於旁側，不另加框線。圖例上有無圓圈或框線，可見具有標示上不同的作用和意義。如果位居整幅帛圖中央者為社神，就一般漢代繪畫的通例講，名其為社神圖應該更合適。

因為漢代祠堂或墓室壁畫，凡墓主一定刻畫在祠堂後壁中央或墓葬後室中央最重要的位置。馬王堆這幅帛畫上的「太一將行」云云是描述旁側惜已殘失的太一神，右側「太一祝曰」云云是長篇題記，並不是用來標示整幅圖，也就是說，並不是所謂的總題記或整幅圖的總名稱。一般來說，漢代畫像不論帛畫、畫像石、磚或壁畫可有個別的榜題或長篇題記，但沒有為整幅圖畫題寫總名稱的習慣。例如漢畫中常見所謂的「荊軻刺秦王圖」或「孔子見老子圖」，都是後人代擬的名稱，實際上畫上僅有「荊軻」、「秦王」、「孔子」、「老子」之榜題，而沒有題稱全畫畫旨的總名稱。[21]因此不宜將祝禱詞起首的「太一祝」云云看成是總括全畫畫旨的總題記，不宜據此命名全畫為太一祝圖。

21　在山東武氏祠的畫像中可以找到諸如「刑渠哺父」、「豫讓殺身以報知己」之類的榜題像是題稱畫旨的題記，但這些僅是一連串孝子、刺客畫像中的一部分，仍屬個別性榜題，整個同一壁面並沒有統攝性的總題記或總名稱。

2. 是否和太一生水說有關？

馬王堆帛畫中的「太一」表面上看不出和水有關，可是李零指出其上的龍即象徵水，也就是「太一生水」的水。他又「完全贊同」饒宗頤先生所說帛畫上的青龍是天龍，代表「天一」，黃龍是地龍，代表「地一」，黃首青身龍則是「太一」的象徵，並進而提出三龍即「三一」的說法。[22] 可是要將馬王堆帛畫和郭店簡上的太一生水說結合起來，頗為困難。

首先，據傳統文獻，龍和水有關，這沒問題。不過，從帛畫的布局看，如果將居於下方的三龍看成是三一，其中上方的龍是「太一」，這等於否定三龍上方中央頭帶狀似鹿角的神靈是太一的可能。因為就中國古代的繪畫藝術而言，儘管抽象概念會以不同的具體形象出現在不同的作品裡，可是同一幅畫上幾乎不可能同時以「龍」和「人身人面而頭頂有狀若鹿角之神靈」兩種完全不同的形象去象徵或具像化同一個「太一」的概念。相對而言，如果將戴角的神靈視為「太一」，太一生出下方象徵水的三龍，一方面也象徵著「一」生「三」，三龍中居上方的龍正好位在太一神的胯下，這樣安排正好可以理解成有意表現「生殖」或「生產」的姿態。[23] 就布局和古代宇宙生成的原理看，這樣理解似乎反而更可以和郭店簡的太一「生」水說順理成章地關聯起來。可是這樣讀畫，必會出現同一位神有兩名或兩榜，令觀者無所適從和理解上的困難。

其次，大家也要注意漢代繪畫常常無法像後世那樣準確地將三

---

22 李零，〈「三一」考〉，《中國方術續考》，頁 185。

23 李零曾注意到《說文》以「滑也」訓「泰」字，其字形作大字下有雙手，水瀉胯下，和馬王堆帛圖所繪有相似處。參李零，〈讀郭店楚簡《太一生水》〉，《中國方術續考》，頁 342「補記」。

度空間或三維的立體景像表現在一個平面上，而是以所謂「散點透視」的方式將許多物件左右上下平舖於畫面。這種情形在漢代畫象石、磚和壁畫中隨處可見，前引定邊郝灘壁畫墓的西王母和天象圖就是現成的例子（圖1）。[24]馬王堆帛畫所採的透視方式幾乎不可能超脫漢代繪畫思維和技巧的範圍。也就是說畫面上看似繪成上下關係的物體，卻並不一定表示他們在空間上屬上下的關係。考慮到這些，我反而傾向於認為帛畫上的太一是太一，龍是龍，龍和太一或在上，或在下，上下之位並不一定表示誰生了誰。[25]也就是說，這幅畫的目的和布局其實並不在於表現什麼「太一生水」的概念。如果一定要從「太一生水」概念去解讀馬王堆的這幅帛畫，不論怎麼讀，都會出現扞格之處。今人讀畫，需要考慮到漢代一般繪畫的表現和透視方式的局限，否則就難免誤讀。

此外，馬王堆這幅帛畫上應該有具像的「太一」。因為畫中圖、文相間，這樣安排無疑表示「圖」和其旁的「文」關係密切；榜題和題記既然兩度提到太一，太一應該存在於圖中。可是這位太一神在圖中的位置因帛殘已不能確指。

我猜想圖中太一和社神的關係猶如天神和地祇。人死入地或升天，墓主都須要天神太一及諸神（風伯、雨師、雷公等）前來護送，

---

24 定邊郝灘墓發掘時，參與壁畫臨摹的孫大倫先生以墓中的「西王母宴樂及墓主升仙圖」和「天象圖」為例，認為壁畫特點在於「對於神話、祥瑞題材的圖像，採用散點或交錯式的上下左右排列形象，造成一種沒有縱深感的「表意的概念空間」。參前引孫大倫，〈郝灘東漢墓壁畫藝術述略〉，《陝西歷史博物館館刊》，13（2006），頁274。

25 關於這一類因透視表現法而造成的圖象現象，可參信立祥，《漢代畫像石綜合研究》（北京：文物出版社，2000），頁47-59；王春豔，〈圖式與營造——解讀漢畫像石的構圖和空間表現〉，《美術研究》，3（2009），頁111-113。

以便順利進入未來世界。學者幾乎都同意馬王堆出土的 T 形帛畫是描繪墓主升天的，相對而言，我以為社神圖則應是描繪墓主入地。社神是土地神，死者被引領進入其掌理的地界，社神圖就以社神居於全圖中心了。古人想像地府不見日月星辰，幽暗無光，因此畫面上有持鑪（爐）和奉（捧）容（鎔）的龍，照亮進入地府的門或路。所謂「青龍捧鎔」、「黃龍持爐」，青黃一直是象徵天地的顏色，青龍代表天「捧鎔」，鎔是器範，黃龍代表地「持爐」，姑不論牠們捧持範和鑪用來造兵器或其他物品，冶鑄必然帶來火光。這和秦始皇陵內「以人魚膏為燭」、漢代墓門或墓室常刻畫侍者執燭捧燈有類似的用意。頗疑社神圖上捧鎔持爐的龍一方面引導墓主入地，一方面也為幽冥帶來光明，墓主魂魄復合後，甚至可能由龍再載之升仙。[26]

　　古人相信人死，魂、魄分離，魂神飛升上天，形魄下而入地。魂、魄分歸天地的想法或許是喪禮儀式和墓室中出現功能相關，形式、內容和放置位置卻都不同的兩幅帛圖的原因。T 形帛畫上端原裹有竹竿，兩頭原有棕色絲帶，可供懸掛，在儀式的過程裡原來應一度出現在行喪隊伍之前，引領飛升的魂神來到墓地。在後續的儀式中它被置於內棺的蓋板上，象徵魂神歸來與棺內的魄合一。社神帛畫應是給土地神看的，告知土地神將有太一負責禱祝並率風伯、

26　另有學者認為容（鎔）和鑪代表「銷熔敵方兵器有關的一種避兵之術」，參前引來國龍文注 40 引。鎔鑪、冶鑄和龍的關係有一較晚期的故事值得注意，劉向《列仙傳》和干寶《搜神記》都有一個冶鑄師陶安公騎赤龍升仙的故事。《列仙傳》謂：「陶安公者六安冶鑄師也。數行火，火一旦散上行，紫色衝天。安公伏冶下求哀，須臾朱雀止冶上曰去云。至期，赤龍到，大雨，而安公騎之東南上。」《藝文類聚》卷四〈歲時部中〉七月七日條引《列仙傳》曰：「陶安公者，六安鑄冶師行火者。朱雀止冶上曰：安公，冶與天通，七月七日，迎汝以赤龍。」

雨師、雷公、青龍、武弟子等，由禹開路護送死者入地。因為地面上的儀式與天有關，和社較無關，這方社神帛畫就類似告地策，被折疊好，放置在地下槨室的漆盒中了。

如前所說，一般所謂的總題記其實並不是全帛圖的總名稱，而僅僅是一篇太一祝禱詞。太一自稱「某」，和諸神（禱詞中神字可釋，前後殘或不可辨）將護送死者魂神入地。殘片經調整後，「太一祝曰……」一片被改置於題記的上端，下端出現長段殘失。作為祝禱對象的社神，不無可能出現在下端殘失的部分，或曾有「敢告社……」（類似「敢告地下丞」）之類的字句，目前因帛殘已無法知道。總之，可供解釋的可能太多，今人恐怕僅能猜測一二。以上不過是我反覆琢磨後的又一猜測。

不論如何，這位「將行」的「太一」和郭店簡所說的生水或藏於水的「太一」應該無關。帛圖上的「太一」是一位能出行以保衛或護送墓主的神靈；郭店簡中的「太一」是想像中和水有關，宇宙生成的總根源，是一個抽象的概念而不是一位神祇。用現在流行的話來說，二者分屬不同的「話語脈絡」，最好將它們放在各自的脈絡裡各作解讀，不宜勉強牽合。

從先秦到漢代，「太一」這個抽象概念和具體形象，本來就有不同的理解和多樣的面目。例如王育成和李零先後指出，陝西戶縣朱家堡漢墓出土解謫瓶上的朱符裡有以圓圈和直線組成，作「一星在後，三星在前」狀的太一符號。[27] 又湖北荊門戰國墓出土所謂的「太歲避兵戈」上的「太一鋒」，則作腳踏日月，手握兵器狀。[28]

---

27 此朱符有文字，有圖，王育成最早指出為太一，李零進一步論證。二人之說，幾無可疑。

28 李零，〈太一崇拜的考古研究〉，《中國方術續考》，頁 168。

此外，漢武帝據方士之言，在甘泉宮所畫「諸鬼神」之一的「太一」，雖已無跡可求，想來應又有一種面目。目前可考，最可能和郭店簡「太一生水」說有關的應是本文開頭提到的定邊和靖邊漢墓壁畫中的「太一坐」。

二 「太一坐」與「太一生水」

龐樸先生在論郭店簡的太一生水篇時曾指出：「太一所生所藏的水，其實只是太一的具體形態，是具象的太一。」陳松長從古漢語文法出發，曾進一步論證龐樸之說的正確性。[29]我以為新出土的「太一坐」圖似乎能為龐、陳之說添上一證。這一圖中狀若瀑布的水，很可能就是「太一」概念的一種具象化，「太一」即水，水即「太一」，或說「太一」藏於水；這猶如四方、四向或四至的概念在漢畫中常以具象的青龍、白虎、朱雀、玄武的形象出現。另一個可能是「太一坐」圖中題有「太一坐」三字的朱紅屏風一片空白，用來表現太一的無形或空無，由此「生」出狀若瀑布的水。

定邊郝灘墓室西壁（圖1）和靖邊楊橋畔墓前室東壁（圖6）所見的「太一坐」圖，在構圖特徵上幾乎一致。其上端都有描繪繁簡不同的華蓋。楊橋畔墓的華蓋（圖6.1）有一支以朱紅色描繪的柄，其為華蓋無疑。郝灘墓畫裡的華蓋不見柄，外觀也比較不像，若非有楊橋畔明確的華蓋相參照，本不容易推定郝灘畫中所見的就是華

---

29 陳松長，〈《太一生水》考論〉，《簡帛研究文稿》，頁28。

圖9　定邊郝灘王莽至東漢初墓墓室西壁局部，康
蘭英女士提供照片。

圖10　人物禦龍帛圖，《世界
美術大全集·秦漢》（東京：
小學館，1998），圖版50。

蓋。[30]華蓋下都有瀑布狀的水。定邊太一坐在瀑布狀的水兩側，更
各有一件狀似屏風的器物。華蓋和屏風又都是先秦兩漢繪畫中表現
主要人物（如墓主，參圖10）或神靈（如西王母，參圖1）所在的空間
或其「座」常用的儀物。定邊墓「太一坐」旁的西王母即坐在一形
式略有不同的華蓋下（圖9）。瀑布之下則有一排坐著的頭戴高冠，
身著朱紅或石綠色衣服的人物三或四人（圖3、6）。在兩幅圖人物
之下都有以紅和黑色彎曲線條構成，其狀若雲的「座」，這可以說
是一種神座。但我相信榜題「太一坐」三字指涉的應不僅是瀑布狀

30　本文所以認定為華蓋，另一旁證為錢寶琮〈太一考〉復原的紫宮北斗合圖中，有
　　華蓋星，此星座恰位於所有星辰（包括北極五星、天樞、北斗、天一、太一等）
　　的最上方，這和「太一坐」圖中，華蓋居於最上方的位置一致對應。錢寶琮圖參
　　見李零，《中國方術續考》，頁165，圖33。本文認為「太一坐」圖和星座有關，
　　詳見本文下節。

的水，而是包括華蓋、狀若瀑布的水、高冠人物和人物下端之神座組成的整個圖像。這樣的太一坐圖又都出現在西王母、蟾蜍、玉兔、三足烏、河伯或龍、雲虎車、群獸奏樂等環繞的神靈世界中。要了解壁畫上「太一坐」的意義，必不能忽視此圖本身的構成和整個壁面的視覺語言脈絡。

圖 11　湖南長沙馬王堆西漢三號墓東壁帛畫殘片《馬王堆漢墓文物》（長沙：湖南出版社，1992），頁 34。

1. 漢代視覺藝術如何表現水？

　　就「太一坐」圖本身來說，首先需要證明所謂的「瀑布」的確是表現狀若瀑布的水。從後世中國水墨畫中的水或瀑布畫法看（例如傳為顧愷之所作《洛神賦圖》中的洛水、傳為隋代展子虔的《游春圖》、

圖 12　四川成都畫像磚《四川博物院文物精品集》（北京：文物出版社，2009），圖 10。

圖 13　山東鄒城出土撈鼎畫像石，作者線描圖。

圖14　四川成都畫像磚，《四川博物院文物精品
集》，2009，圖11。

圖15　四川成都畫像磚，《巴蜀
漢代畫像集》（北京：文物出版
社，1989），圖9。

唐代佚名《京畿瑞雪圖紈扇軸》、《宮苑圖軸》中的瀑布），[31]這似乎是個
無待證明的問題。因為後世水墨畫中以成排弧形的線條表現流水或
奔騰而下的瀑布，和以上二圖中所見「太一坐」中瀑布的畫法幾無
二致。問題是漢代視覺藝術中是不是已存在這樣表現流水、懸泉或
瀑布的方式？

　　如果稍一查考，即發現漢代的石刻和壁畫不乏畫水的例子，可
是不得不承認，目前還找不到「太一坐」圖那樣，在畫水形式上完
全相同的第二例。以我耳目所及，先秦至漢代視覺藝術表現水的方
法不一，較常見的是留白不着一筆，或者說以「空無」表現水：

(1) 水本身留白不着筆墨，而以橋或以水中或水上之物，喻示
　　一個有水的空間。例如在某一空間畫船、魚或水生植物等
　　喻示水的存在，或者以上各物同時出現，但對水的本身不
　　作任何描繪。這種表現法自長沙子彈庫戰國楚墓出土的
　　「人物御龍」帛畫即已如此。龍下畫一魚而無水。長沙馬王

31　後三例參故宮博物院編，《故宮博物院藏品大系：繪畫編1》（北京：紫禁城出版
　　社，2008），圖3、15、16。

圖 16　山東諸城涼臺漢墓畫像石，《山東漢畫像石選集》（濟南：齊魯出版社，
1990），圖 233（局部）。

圖 17　山東滕縣西戶口畫像石，《山東漢畫像石選集》，圖 220（局部）。

圖 18　山東滕縣小王莊畫像石，《山東漢畫像石選集，圖 336（局部）。

圖 19　徐州漢畫像石藝術館藏石局部，作者攝於 2010.7.8。

今塵集：秦漢時代的簡牘、畫像與文化流播
　　——卷三　簡牘、畫像與傳世文獻互證

堆西漢初墓出土帛畫上有人乘船，船下也了無水或波紋（圖 10-13）。

(2) 或者以曲線勾勒邊岸，如四川和山東等地出土畫象磚、石中所見，常以曲折的線條表現池塘或水流的邊岸（圖 14-16）。

不過也有以其他方式表現水的，約略可分為三類：

(1) 不直接表現水，而是以一尾接一尾的魚緊密地排成一或兩列，魚背高低起伏，巧妙地製造出水波起伏的視覺效果，魚背或水波之上常常有船（圖 17-19）；

(2) 或以幾何式反覆的弧線，畫成裝飾意味較濃厚的水波紋（圖 20、21.1-2、22）；

圖 20　南陽畫像磚紋飾，《南陽漢代畫像磚》（北京：文物出版社，1990），圖 383。

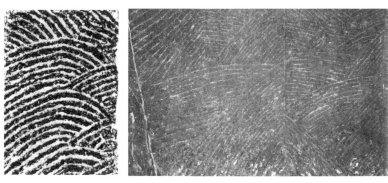

圖 21.1-2　水波紋畫像石《三台郪江崖墓》（北京：文物出版社，2007），圖 160、圖版 254。

(3) 企圖去描繪水波，所繪卻又不合於自然狀態的水波。2010 年 7 月 5 日參觀山東鄒城博物館，曾見到一件石槨畫像（圖 23.1-2）。石槨一側畫像分成左中右三方框。左側一框畫像顯然在描述一個有情節的故事。[32]畫面上方有一橋，橋斷裂，橋上人馬落入水中。沒於水中的兩人和兩馬只見人的上半身和馬頭在水面之上，水中另有一尾頭朝左的大魚，但石匠對水本身沒有作任何水波或其他形式的畫面處理。畫面右下

圖 22　山東嘉祥宋山畫像石，《中國畫像石全集》2（山東美術出版社，2000），圖 96 局部。

側有一人在水中游泳。游泳的人橫浮於水上，一手向前伸，兩腳正划水，作游泳狀。其身體下側刻畫有明顯的水波。但是水波是以上下豎立，接續的弧形線條表現，而不是較合乎自然的橫向波紋。這樣稚拙不自然的刻畫方式，迄今不見它例。[33]

32　這個故事我推測或為秦王刺燕太子丹。參本書，〈「豫讓刺趙襄子」或「秦王謀殺燕太子」？──山東鄒城南落陵村畫像石的故事〉，頁 203-217。

33　1984 年在江蘇泗洪曹廟徵集到一塊漢代畫像石，其上據報告有大禹治水的畫面，「人物之間刻有滔滔洪水」。這是否為大禹治水圖，圖中所描繪的是否為滔滔洪水，因乏它例比照，尚不易肯定，暫不列入討論。請參尹增淮、江楓，〈江蘇泗洪

圖 23.1　鄒城博物館藏石，作者線描圖。

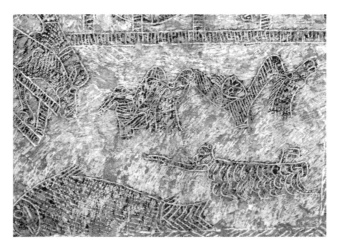

圖 23.2　上圖局部　2010.7.5，林宛儒攝於鄒城博物館。

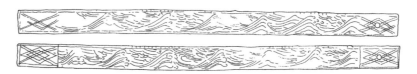

圖 24.1-2　山西朔州市出土的漢代象牙尺，作者線描圖。

眼尖的讀者一定會注意到定邊、靖邊「太一坐」圖描繪的流水，在形式上和以上這幾類都不相同。如此一來，怎麼才能確定「太一坐」圖描繪的流水有可能出於漢代工匠之手呢？幸好我另外找到四件漢代出土品，可為「太一坐」圖以線條表現水的方式，提供存在的線索：

第一例見於 1993 年山西朔州市出土的漢代象牙尺兩件（圖 24.1-2）。[34]這兩件尺今藏山西博物院，其上有陰線精刻，形式基本相同的水波紋飾，水波高低起伏，波波相連，有些地方也着意刻畫出浪頭的水花，水波是以蜿蜒並排，有疏有密的的細線表現出來。可惜這兩件象牙尺沒有較明確的斷代資料。

第二例見於河北滿城西漢初中山靖王劉勝墓的青銅錯金博山爐。博山爐的上部作重巒疊嶂之狀，其下或以蜿延平行的錯金線條表現流水，或以十分靈動的線條表現高高湧起的波濤。線條尾端捲曲成半圈或多個小圓圈，以像浪頭的浪花（圖 25.1-

圖 25.1　河北滿城西漢劉勝墓出錯金博山爐，《滿城漢墓》（廣州：嶺南美術出版社，2000），圖 13。

圖 25.2　同上另一側（網路）

曹廟出土的東漢畫像石〉，《文物》，6（2010），頁 69。

34　山西博物院編，《山西博物院》（太原：山西人民美術出版社，2005）。

圖 26　河南南陽王莊畫像石《中國畫像石全集》6（鄭州：河南美術出版社，2000），圖 156。

2）。學者一般多同意漢代博山爐的造型是象徵海上仙山，其上有山，其下有大海。[35]這是目前所見以蜿蜒的線條表現流水和波濤較早的例證。[36]

　　第三例見於河南南陽的畫像石。河南南陽王莊漢墓出土的畫象石上有四位雨師雙手抱罐，灑水行雨，向下傾瀉的雨水即以並排的弧形線條表現（圖 26）。當然並不是說這樣的弧形線條就是表現瀑布，這僅僅說明當時的藝匠已利用弧形的線條表現向下傾瀉的水，而這樣的表現形式很容易轉用於表現奔騰而下的瀑布。

　　第四例見於四川梓潼出土的漢代畫像磚。磚上左右各有手、腿和背部生羽的羽人，中央上部有三座尖頂的山，山間有瀑布般的水流出，水以弧形成排的線條表現（圖 27）。這方磚上中央的三座山

35　參巫鴻，《禮儀中的美術》（北京：三聯書店，2005），頁 463-464。

36　包華石（Martin Powers）曾在其大作中討論到中國古代裝飾藝術中的雲和流水。關於雲的部分舉了不少實物例證，但水的部分並未舉例。參所著，*Pattern and Person: Ornament, Society, and Self in Classical China* (Harvard University Press, 2006), pp. 227-256.

圖27　四川梓橦畫像磚，《巴蜀漢代畫像集》，圖234。

和兩側的羽人，應可合理地懷疑是在表現秦漢傳說中瀛海或崑崙有
「仙人居之」的三神山。左右羽人的手中都拿著不死的仙草。[37]磚上
三神山之間飛瀉而下的弧形線條，似不能不理解為懸泉或瀑布。磚
上的線條表現顯得較為呆板僵硬和圖案化，但它表現流水自山澗飛
瀉而下的形式，和定邊、靖邊壁畫「太一坐」圖中的「水」可以說
相當接近。

37　參《史記・秦始皇本紀》、《史記・封禪書》、《漢書・郊祀志》。四川潼梓出土仙
　　山和羽人的畫像磚，湊巧的是東晉顧愷之寫《畫雲臺山記》，所記正是四川道教聖
　　地雲臺山。傳說中仙人唐公房和張道陵俱曾盤桓於此地。顧愷之提到畫雲臺山，
　　其上有天師、王良等，畫中「畫丹崖臨澗上，當使赫巘隆崇，畫險絕之勢」，又
　　說：「巖相承，以合臨東澗。其西石泉又見。乃因絕際作通岡，伏流潛降，小復東
　　出。下澗為石瀨，淪沒於澗。」雖然已無畫可稽，從其描述可知，這樣一個神仙
　　出沒的崇山峻嶺，正有泉瀑、伏流和澗瀨。可惜顧愷之無一語言及如何表現丹崖
　　之澗水。傳為其所作的女史箴圖，其中有一段描繪重巒疊嶂，惜無泉瀑。《畫雲臺
　　山記》見唐張彥遠《歷代名畫記》卷五「顧愷之」條引錄。這項資料承顏娟英提
　　示，謹誌謝忱。渤海有三神山，據說崑崙也有三神山，參曾布川寬，《崑崙山への
　　昇仙》（東京：中公新書，1981），頁132-134。又梓橦畫像磚上似有「天山（仙）」
　　二字榜題，惜不可確辨。不論何者為是，畫像在表現想像中某處有三個山頭的神
　　山應屬無疑。

在漢代視覺藝術中，和定邊、靖邊「太一坐」圖流水畫法相似的可考例證，儘管很少，幸好也不是全無蹤跡。如果以上所說尚有可取，則可推想「太一坐」圖應是漢代「太一生水」概念的一種形象或具象化表現，蘊含著「太一生水」、「太一即水」或「太一藏於水」的意義。

其次，或許有人要反問：如果「太一坐」圖中的弧形線條是表現懸泉或瀑布，為何兩側不畫山頭？而是畫了和瀑布不相干的屏風？其上為什麼又有似乎不相干的華蓋？其下又有並排的三或四人？其實這些並不難解釋。誠如前文指出，屏風和華蓋都是漢代畫像中最常見，用以呈現重要人物或神祇所在空間的擺設或儀物。二者可以同時出現，也可以只有其一。定邊墓的畫匠同時選擇了二者，用以構成太一「坐（座）」；靖邊墓的畫匠只用了華蓋，捨去屏風。不論一或二，都無礙於畫匠企圖形塑「太一坐」成一個「座」。屏風應有三面，定邊墓「太一坐」圖的屏風即有左中右三面。為了表現一個完整的屏風座，左右兩片側屏即取代了通常瀑布兩側應有的山頭。靖邊墓的「太一坐」圖，或許因為畫出了完整有柄有蓋的華蓋，已足以顯示其為座，就完全省略了屏風。

那一排狀若懸泉或瀑布的大水，可以說是「太一坐」圖在畫面構成上最顯眼的元素之一，明確表現出以具象的水象徵「太一」或「太一藏於水」這樣抽象的概念。但是從定邊墓的「太一坐」圖看，以中央一片空白屏風的本身比喻「太一」，由此「生」出下方懸流之水也有可能。

進一步看，以瀑布象徵「太一」應還有另一層表現生命源頭之盛大的用意。因為「太一」或水是漢人想像中宇宙一切的源頭，而經驗世界中川流溪河湖的源頭不是幽泉就是山間奔騰而下的瀑布。

今天陝西宜川縣和山西吉安縣之間，黃河河道上的壺口瀑布，就是自《尚書・禹貢》即見於記載的大瀑布。[38]其水勢之盛大必然令古人印象深刻。《水經・河水注》形容它「懸流千丈，渾洪贔怒」。[39]關中汧水上游的汧山、磻溪水所出的南山茲谷和渭水所經的太華山、華陰縣之華山都有懸泉瀑布可考。[40]在秦漢關中藝匠畫工的生活經驗中，山泉飛瀑應該並不陌生，以其意象入畫，也就可以理解。就視覺表現和效果說，懸泉或瀑布應比一般的江河溪泉更容易，也更能表現水作為源頭的意義和展現源頭的豐沛盛大。

2. 太一星座與神座

比較費思量的是瀑布下方坐著的三或四個戴高冠的人物是誰？他們象徵些什麼？漢代繪畫的母題常常寓有多重意義，這樣的例子太多（例如漢畫中的河伯既是星，也是神，定邊壁畫「太一坐」圖右側也有駕魚車的河伯），「太一」既可作為抽象的概念，也可以是神靈，又可以是星座，並不矛盾。[41]私意以為「太一坐」在畫面上既像神座，

---

38 關於古代壺口瀑布的位置及其位置的升降推移，參史念海，《河山集二集》（北京：三聯書店，1981），頁172-176。

39 段熙仲點校，陳橋驛復校，《水經注疏》（南京：江蘇古籍出版社，1989），卷四，頁282。

40 參同上，《水經注疏》，卷十七，頁1513-14「懸波側注，漰渀震盪，發源成川」、卷十七，頁1515「乘高激流，注于溪中」、卷十九，頁1659「源出太華山之瀑布泉」。《水經注》除稱瀑布為「瀑布」、「懸波」，又稱之為「懸水」（《水經注疏》，頁894）、「懸溜」（《水經注疏》，頁3216）、「挂溜」或「瀉溜」（《水經注疏》，頁1190）。《水經注疏》會貞按引孔靈符《會稽記》：「山縣（懸）溜千仞，謂之瀑布。」（《水經注疏》，頁895）華陰縣南華山有二泉，「挂溜騰虛，直瀉山下」（《水經注疏》，頁1661-2）。

41 關於太一在古代多層的意義，可參馮時，〈「太一生水」思想的數術基礎〉，收入

又像擬人化的星座，[42]下方的三、四人或是象徵「太一」的佐或屬星。「大（太）一」一名早見於先秦典籍，無待多言；「大（太）一坐」一詞則見於《太平御覽》卷七，天部七，星下引《天官星占》：

又曰北辰者，一名天關，一名北極；極者，紫宮**太一坐**也。

《隋書‧經籍志》著錄有陳卓撰《天官星占》十卷，又有梁吳襲撰《天官星占》二十卷。此二書雖晚，但漢墓既出「大一坐」畫榜，可知「太一坐」或指星座，其來有自。《史記‧天官書》謂：「中宮天極星，其一明者，太一常居也，旁三星三公，或曰子屬，後句四星，末大星正妃，餘三星後宮之屬也。」這是說「太一」常居的中宮，其旁有象三公的三星，又有象後宮之屬或四輔的四星。[43]《史記‧封禪書》又謂：「神君最貴者太一，其佐曰大禁，司命之屬皆從之」，「亳人謬忌奏祠太一方，曰：『天神貴者太一，太一佐曰五帝。』」又謂武帝聽方士文成之言，「乃作畫雲氣車，及各以勝日駕車辟惡鬼。又作甘泉宮，中為臺室，畫天地、太一諸鬼神。」綜而言之，「太一」面目多端，被視為天神或神君，有佐，或曰大禁，或曰五帝，不一而足，總之「太一」在古人的認識裡，地位雖最高，卻總不是孤單存在。「太一坐」圖中的三、四人有可能即象徵伴同「太一」的星或佐。由於古來對太一星座組成的說法本不一致，畫而成圖，其星佐之數也就不一了。武帝曾在甘泉宮圖

艾蘭、邢文編，《新出簡帛研究》，頁 251-253。

42 擬人化的星座常見於漢代畫像，西安交通大學出土西漢壁畫墓頂上的二十八宿圖就是最好的例證。參陝西省考古研究所、西安交通大學編，《西安交通大學西漢壁畫墓》（西安：西安交通大學出版社，1991），頁 25。

43 按古注於此說法不同，參瀧川龜太郎，《史記會注考證》（臺北：宏業書局影印，1980），頁 457。

圖 28　河南南陽麒麟崗漢墓出土畫像石，采自黃雅峰，《南陽麒麟崗漢畫像石墓》（西安：三秦出版社，2008），圖 63。

畫「太一」，不知其圖是否從此成為範本，流播四方？定邊和靖邊都離甘泉宮所在（今陝西淳化縣鐵王鄉）不遠，直線距離約二百九十至三百公里，兩地墓壁的「太一坐」圖為漢代「太一」的圖像面貌，提供了新的線索。

　　就整體脈絡而言，兩漢墓磚、石畫像或壁畫中充滿和神仙、星象相關的圖像。墓室或祠堂頂部最主要的裝飾元素就是所謂的天象圖，其中日、月、北極、北辰或北斗又最為常見，有時也會和西王母同時出現在同一個畫面上。[44]南陽麒麟崗漢墓出土畫象石上的西王母、東王公、天帝（太一？）、青龍、白虎、朱雀、玄武等即和北斗七星、南斗六星出現在同一個畫面中（附圖 28）。[45]定邊漢墓墓頂也有繪製精美，保存良好，表現二十八宿的壁畫，它們和西壁上的西王母和太一等可以說共同構成了一個天上神仙的世界。在漢代的

44　例如河南洛陽西漢卜千秋墓墓頂有西王母和日、月之壁畫、陝北則常見西王母居中，日、月居兩端的畫象布局。相關研究可參 Lilian Lan-ying Tseng（曾藍瑩），*Picturing Heaven in Early China* (Boston: Harvard University Press, 2011).

45　王建中主編，《中國畫像石全集》6（鄭州：河南美術出版社，2000），圖 128。

圖畫世界裡，天上星宿可以和神仙世界分處不同的空間，但也時常界線不明，甚至合而為一。定邊漢墓的整個西壁上，「太一坐」和西王母即左右並列，畫面上其他的河伯、蒼龍、奏樂的怪獸等等都朝向他們。就整體布局而言，「太一坐」和西王母的重要性難分軒輊，都有華蓋，都位於壁面的左上角，無疑都是畫面意欲表現的重要人物。左側的西王母加上蘑菇形寶座、玉兔、蟾蜍、九尾狐等雖占據了最大的畫面（圖9），但右側有「太一坐」三字榜題的長方形方框（圖3），整個塗滿朱紅，居於較西王母更接近中央的位置，就視覺效果言，比左側最邊緣的西王母搶眼，更容易成為視覺的焦點。

不論定邊漢墓的壁畫作者是否有此用心，這樣的畫面安排（圖1），不可否認是將漢人心目中最具勢力的生命或宇宙的源頭——「西王母」和「太一」——作了集中且一體的表現。靖邊墓壁上雖未見西王母，卻將「太一坐」畫得甚大，單獨占據右上端最顯眼的位置。左側其他駕虎或駕人首怪獸的諸神都朝向「太一坐」，「太一坐」並不居中，卻無疑是畫面上畫的最大，最引人注目的部分。不論如何，二者都以瀑布狀的大水象徵「太一」，象徵宇宙和生命的源頭，應與戰國簡冊中所謂的「太一生水」或「太一藏於水」之說有關。

三 結論

這樣的關聯無疑包含著一個從「概念」轉化成視覺性「圖」的過程。郭店出土屬戰國時代的《太一生水》篇是描述宇宙生成的源

頭和過程，不論太一生了水或藏於水，其後又生天地、陰陽、四時等等，僅僅提供了一個抽象的生成概念。這樣抽象的概念如何轉化成具象的圖畫是另一回事。幾百年後東漢墓中出現的「太一坐」壁畫是轉化後的「圖」。我們對戰國至東漢幾百年中如何以具體圖象表現「太一」抽象概念的過程，除了前文提到的幾個例子，其實並不清楚，本文一時也無法完整交待。因此，「太一坐」圖儘管可能和太一生水或藏於水的概念有關，生存在郭店《太一生水》簡篇之後數百年的漢代畫工和觀者，是否完全繼承了同樣的概念去作畫或讀畫？是否曾別有會心？或在原意之外又有衍生的新解？都需要進一步的材料和研究才能釐清。

定邊和靖邊壁畫「太一坐」圖的出土，引起我重讀馬王堆「太一祝圖」或我臆想為「社神圖」的興趣，也令我感到目前的綴合復原和解釋都有進一步討論的餘地。如果能引起相關單位和學者的注意而進行重綴，將是我馨香禱祝的事。

98.12.4/99.11.9/108.9.15 再訂

後記

拙文初稿曾獲好友劉增貴、陳松長、馬怡、陳葆真、顏娟英指教，並得康蘭英、林宛儒提供照片，謹此致謝。又修改期間，吸收了匿名審查人和學棣李志鴻的意見，謝謝他們。

一種漢晉河西和邊塞使用的農具——鑰（橝）

　　1981 年裘錫圭先生在他著名的〈漢簡零拾〉一文中指出居延漢簡中被釋為「鑰」、「橝」或「楷」的字，實應釋作「錪」或「桾」，即「畬」，並說：「根據鳳凰山遣冊的『桾』字和馬王堆帛書的「畬」字，完全可以肯定居延簡裡過去被釋作『鑰』的字是『錪』字，被釋作『橝』和『楷』的字都是『桾』字。它們都是當起土工具講的「畬」的專用字。居延簡裡有些「錪」字的「畬」旁，的確寫得跟齒字沒有區別。這是漢代人寫別字的一個例字。」[1]劉釗先生在 2014 年發文，徵引金文和楚簡例證，談畬字源流，並舉漢簡十六例，指出有些簡上畬字部分形體上部訛化成了類似「止」形，使此字整體看上去像是齒字。[2]換言之，他們都認為過去漢簡中所釋的「鑰」或「橝」字，都是「錪」或「桾」的訛化或別字。

　　中央研究院歷史語言研究所簡牘整理小組因為重新釋讀居延出土的這批漢簡，必得再度斟酌從木或金旁的齒字到底應釋為何字。

1　裘錫圭，〈漢簡零拾〉，收入《裘錫圭學術文集》簡牘帛書卷（上海：復旦大學出版社，2013），頁 91-93。
2　劉釗，〈「畬」字源流考〉，《古文字研究》，第 30 輯（北京：中華書局，2014），頁 592-600。

我們起先遵從裘、劉二氏，將這樣的字一律改釋為「鋁」或「檔」。[3]
但再校釋文時感覺這樣釋讀，仍有未安。一則在簡中找到明確的
「鋁」、「檔」和「畐」字，在馬王堆漢墓中曾出土實物（圖 1.1），
在四川峨嵋山雙福鄉曾出土漢代持單頭畐石人像（圖 1.2），在山東
嘉祥武氏祠畫像則見持雙頭畐的神農（圖 1.3），而甘肅酒泉魏晉墓
畫像磚上又有農人荷畐的形象（圖 1.4），可見漢晉間單或雙頭畐的
基本形象較為明確可辨，唯畐之為用，可能因用途多樣，漢晉人的
理解並不一致（詳後）；二則在魏晉畫像磚上有一種過去未能確切命
名的農具，外形完全不同於畐，沒有榜題，依特徵看，不無可能就
是漢簡中所見的「鑡」或「檔」。這種農具明顯不用於起土而是耙
地。因此決定看圖「釋」字，仍將從木或金旁的「齒」依字形釋作
「鑡」或「檔」，並推測它是漢魏晉時代河西和邊塞一種由牛牽挽，
丁字形橫向列有尖鐵或木齒，用於碎土和整田的農具 （圖 2.1-8），
很可能類似《齊民要術》所說的「鐵齒鋁榛」或後世常說的杷或耙
（圖 2.9-10）。[4]

3　馬怡、張榮強主編的《居延新簡釋校》（天津：天津古籍出版社，2013）釋為「鋁」
　　或「檔」。京都大學人文科學研究所簡牘研究班編，《漢簡語彙：中國古代木簡辭
　　典》（東京：岩波書店，2015），頁 346「檔」字條，頁 347「鋁」字條視「檔」、
　　「鋁」、「插」和「畐」為同一字而未收「鑡」或「檔」字。他們顯然都遵從裘說。

4　後世類似農具參雷于新、蕭克之主編，《中國農業博物館館藏傳統農具》（北京：
　　中國農業出版社，2002），頁 126-139；臺灣總督府殖產局編，《臺灣の農具》（東
　　京：慶友社，1923 年刊，1992 重印），圖六-十四；潘偉，《中國傳統農器古今圖
　　譜》（桂林：廣西師範大學出版社，2015），頁 25-30。

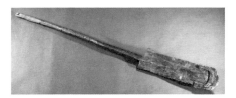

圖 1.1　湖南長沙馬王堆漢墓出土單頭耒
《長沙馬王堆漢墓文物》（長沙：湖南出版
社，1992）。

圖 1.4　酒泉西溝魏晉墓出土畫像磚上的單
頭耒，今藏甘肅省博物館。
馬建華主編，《甘肅酒泉西溝魏晉墓彩繪
磚》（重慶：重慶出版社，2000），頁 60。

圖 2.1　酒泉西溝魏晉墓畫像磚
《甘肅酒泉西溝魏晉墓彩繪磚》，頁 52

圖 2.2　嘉峪關十二號魏晉墓畫像磚
馬建華主編《甘肅嘉峪關魏晉十二十三號墓
彩繪磚》（重慶：重慶出版社，2000），頁 2

圖 1.2　峨嵋山雙福鄉出土持耒
農夫石像
劉玉山編，《中國歷代藝術－雕
塑編》（北京：中國人民美術出
版社，1994），頁 74

圖 1.3　武氏祠神農氏畫像，
史語所藏拓本局部。

圖 2.3　嘉峪關十三號魏晉墓畫像磚
《甘肅嘉峪關魏晉十二十三號墓彩繪
磚》，頁 20

圖 2.4　嘉峪關六號魏晉墓畫像磚
《甘肅嘉峪關魏晉六號墓彩繪磚》（重
慶：重慶出版社，2000），頁 23

圖 2.5　嘉峪關五號魏晉墓畫像磚
《嘉峪關壁畫墓發掘報告》（北京：文
物出版社，1985），圖版 44

圖 2.6　酒泉果園鄉高閘溝村魏晉墓畫像
磚，《中國出土壁畫全集 9》，圖 25。

圖 2.7　嘉峪關六號魏晉墓畫像磚
《甘肅嘉峪關魏晉六號墓彩繪磚》，
頁 24

圖 2.8　同前 林巳奈夫摹本

圖 2.9　浙江浦江花橋鄉盛田坂徵集
的鐵齒耙《中國農業博物館館藏傳統
農具》，頁 1-322。

圖 2.10　臺灣日據時代的鐵齒耙　臺灣
總督府殖產局編，《臺灣の農具》，第
七圖。

一 農具同形異名與異形同名

古代農具眾多，因時因地，或同形異名，或異形同名，要釐清十分不易。古今學者在認識上歧異很大。即以前述最常見的畚為例，外形或較明確，但有不少異名，其功用在傳世文獻中則最少有三種不同的解釋：(1)《說文》說

圖 3.1-2 嘉峪關魏晉一號墓出土畫像磚局部及「耕（耕）種」二字榜題
俄軍主編《甘肅省博物館文物精品圖集》（西安：三秦出版社，2006），頁 196

「畚，舂去麥皮」，《廣韻》也說是「舂去皮」，可見許慎所說的畚並不是一種起土的工具而是用於舂去穀物的皮，對畚的外形則無說。(2)但《釋名‧釋用器》說：「鍤，插也。插地起土也」，明確說用於起土。(3)顏師古注《急就》「捃穫秉把插捌杷」句，則說插「一作畚」，又謂「插者，擔也。兩頭鐵銳，所以插刺禾束而擔之也。」畚又成了擔物的擔子。近世的學者包括林巳奈夫、孫機和裘錫圭先生根據文獻、出土實物和石刻畫像，幾乎又都認為畚是一種頗似耒耜，手持直柄或曲木柄，木柄另一端單頭或歧頭，頭包有金屬刃，用於起土的工具，也就是較同意《釋名》的說法。

再例如《說文》說櫌是「摩田器也」，鄭玄注《論語‧微子》「櫌而不綴」，說「櫌，覆種也」，將「櫌」視為動詞，或意指以櫌埋覆種子。林巳奈夫根據嘉峪關魏晉一號墓出土的畫像磚（圖 3.1-3），認

圖 3.3　嘉峪關魏晉一號墓出土畫像磚，林巳奈夫摹本。

圖 3.4　新疆尼雅出土耰，《新疆出土文物》（北京：文物出版社，1975）。

圖 3.5　耰王禎，《農書》。

圖 3.6　犁與勞（耮）山東滕縣黃家嶺漢代畫像石，中央研究院歷史語言研究所藏拓局部。

為畫像中由牛牽引丁字形的農具是用來破碎土塊的櫌或檫，[5]但又認為同樣見於畫像磚，一種手持的小型椎土工具，也叫櫌或檫。此外他據《說文》、《釋名·釋用器》對「櫌」和「檀」字的解說以及畢沅《釋名疏證》，認為櫌即檀，也是摩田器。甘肅嘉峪關魏晉一號墓畫像上由牛牽引丁字形的農具和手持的小型椎土器，在外形上差別很大，再加上所謂的檀，林巳奈夫顯然認為異形者可因功用相似而同名。孫機依據相同文獻，另據新疆尼雅出土的實物木質榔頭（圖3.4），認為櫌或檫是「捶碎土塊所用的木榔頭」，其說可和王禎《農書》卷八裡說的木椎形的檫相印證（圖3.5）。[6]孫機又指出山東滕縣黃家嶺畫像石上由牛牽挽，「橫桿狀的摩田器」為橊（圖3.6）。[7]

換言之，同為摩田器，不論外形和使用的方法相同與否，即可有檫、橊和下文將談到的勞（耢）等不同的名稱。這些名稱因時因地而異，有些固然見於文獻，有些則否。因此，出土文字材料中如果出現了不見於傳世文獻的農具名，或圖像材料中存在未曾明確辨識的農具，都值得特別注意。

■二 畗（桶、鉊）、鑡（檔）同或異？

先回到本文主題一畗。在居延漢簡中，可以明確見到「畗」和

5　林巳奈夫，《漢代の文物》（京都：京都人文科學研究所，1976），頁 277、圖 6-32。

6　孫機，《漢代物質文化資料圖說》，頁 2-3。

7　陳文華早在 1985 年發表的論文中已據黃家嶺畫像石指出這一點。參氏著，〈從出土文物看漢代農業生產技術〉，《文物》，8（1985），頁 41-42。又居延新簡 EPF22.24 有「大車半檔軸一，值萬錢」，此「檔軸」和本文所說農具顯然無關。

金旁的「鉬」字。除了湖北江陵鳳凰山八號漢墓遣冊，廣西貴縣羅泊灣漢墓出土〈從器志〉、〈田器志〉牘和湖南長沙五一廣場東漢簡上有從木的「梠」，曹操高陵出土石牌則見從金的「鉬」字（參附表 1）。[8]這十三例耜字，都從「㕰」而不從「齒」，十分清楚。漢代簡牘中既有明確的「㕰」、「鉬」、「梠」字，也有很多筆劃可辨的「齒」字（參附表 2）。從字形看，齒字一般從「止」，從「𡍪」，但附表 2 第 4 例下半從「臼」，臼中有豎筆，第 11、12 例下半從「臼」，的確和「㕰」形相似易混。古來有㕰字，卻無鑡字，戰國某些字的部件作㕰者也有訛寫成了齒，[9]因此說「鑡」或「櫎」字是「鉬」或「梠」的別字或訛化，「鑡金」即「㕰金」或「鉬金」，不無道理。不少學者指出，起土的耜有單頭也有雙頭，其木或鐵製的圓或尖刃部，狀若齒。因此鉬、梠訛寫成了鑡、櫎似乎也說得通。如此，將鑡看成是鉬的別字，鉬和鑡為同一物，就是一個不無可能的推論，成為今天幾乎所有學者的主張。

然而以上似有理據的看法，細細一想仍不無商量的餘地。首先，傳世文獻有「鑡」字，這字明顯不是某字的別字或訛化。《三國志・烏丸鮮卑東夷傳》裴注引《魏略》云：「至王莽地皇時，廉

8　金立，〈江陵鳳凰山八號漢墓竹簡試釋〉，《文物》，6（1976），頁 69-75；陳振裕，〈從鳳凰山簡牘看文景時期的農業生產〉，《農業考古》，1（1982），頁 62-70；廣西壯族自治區文物工作隊，〈廣西貴縣羅泊灣一號墓發掘簡報〉，《文物》，9（1978），頁 31-32；廣西壯族自治區博物館編，《廣西貴縣羅泊灣漢墓》（北京：文物出版社，1988），頁 79-85，圖版 41-42；王貴元，〈廣西貴縣羅泊灣一號漢墓木牘字詞考釋〉，《西北大學學報》，1（2011），頁 108。河南省文物考古研究所，《曹操高陵》（北京：中國社會科學出版社，2016），彩版八七.1（M2:309）。

9　參劉釗，〈「㕰」字源流考〉，頁 594-597。

附表 1　臿、鍤、櫁字例

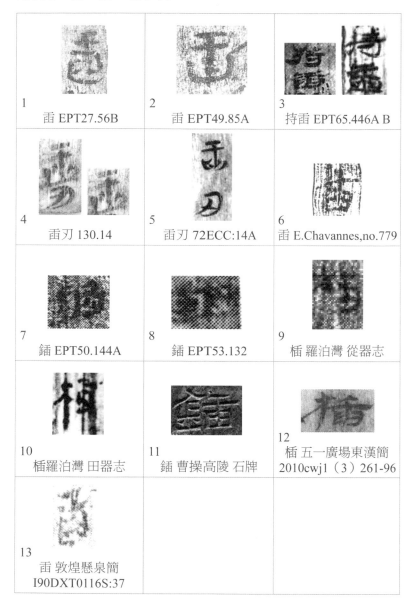

1 臿 EPT27.56B	2 臿 EPT49.85A	3 持臿 EPT65.446A B
4 臿刃 130.14	5 臿刃 72ECC:14A	6 臿 E.Chavannes,no.779
7 鍤 EPT50.144A	8 鍤 EPT53.132	9 櫁 羅泊灣 從器志
10 櫁羅泊灣 田器志	11 鍤 曹操高陵 石牌	12 櫁 五一廣場東漢簡 2010cwj1（3）261-96
13 臿 敦煌懸泉簡 I90DXT0116S:37		

附表 2　「齒」例字表（以《肩水金關漢簡》（二）、（三）為例，其餘請
　　　　參佐野光一《木簡字典》）

1	2	3	4	5
EJT11:4	EJT14:13	EJT21:48	EJT21:209	EJT21:213
6	7	8	9	10
EJT21:216	EJT21:276	EJT23:106	EJT23:297	EJT23:673
11	12	13	14	15
EJT26:13	EJT26:14	EJT26:16	EJT26:35	EJT26:36

斯鑡為辰韓右渠帥。」廉斯鑡是辰韓右渠帥，後歸降漢樂浪郡，「郡
即以鑡為譯」（百衲本作𬨎，中華書局點校本同）。樂浪郡用廉斯鑡當
通譯，可見他必為王莽至東漢初的辰韓人，其名應為辰韓語的漢字
譯音。以鑡字譯音，可證從王莽時代到寫作《魏略》的三國時代應
有鑡字。如今據西漢中期至東漢初出土的漢簡，則知此字確實存在
於漢世。《玉篇》云：「鉼鑡也」，《集韻》：「測角切，音婇，人名，
王莽時有廉斯鑡。」鑡字的形和音自漢以降至宋代俱屬可考，無人
疑其非本字而為某字之別訛；果如此，將從金或從木的齒字視為
「鋸」、「楇」或「䨩」的別字或訛化，是否妥當？需要斟酌。

　　其次，漢簡中不乏訛、別字和筆劃不夠準確的字，但以下「附
表三」所列櫥、鑡字三十一例分別出自居延 A35 大灣（7 例）、A8
破城子（16 例）、A32 金關（4 例）和敦煌懸泉遺址（3 例）和羅布
淖爾（1 例），[10]不同的出土地點可證比較可能是由不同的人所寫，

10　感謝張俊民兄惠賜懸泉簡照片。

為何不同的人不約而同都寫了相同的別或訛字？是否別或訛字已為當時人認可接受？或其本非別字或訛字？再者，「齒」和「𦥑」字在漢代明白區分的例子實多於相混的。如果根據少數別或訛字例，去論證「鈕」或「鑡」和「㮑」或「欜」是指同一字、同一物，似乎不如據較多的例證去考慮它們為不同字，指涉名稱和功能都相異的事或物。

第三，視鑡為鈕的別字或訛化，「鈕金」、「鑡金」為同一事，是比較單純地從文字字形角度作的思考。如果換個角度看：某種帶齒的器具外形不像𦥑（鈕）那樣僅具一、二齒，功能和部件結構不同，是不是可有不同的稱謂？也就是說，是否可視「鑡」或「欜」為不同於𦥑（㮑、鈕）的專名？「鑡（欜）金」（簡 515.44、522.20）是否可能如同「斧金」（簡 498.1）、「犁（犁）金」（簡 582.5、73EJT37:199）、「鈕金」（簡 EPT50.144A）（圖 4），是指不同器具的金屬部件？鈕金是鈕的金屬部件，鑡金是鑡（欜）的金屬部件，斧金是斧的金屬部件，犁金是犁的金屬部件，因此簡牘中各有鈕金、鑡（欜）金、斧金、犁金若干或若干枚的紀錄。[11]

第四，從金或從木的「鑡」和「欜」在簡中出現不少，非一、二個別現象（參附表 3）。「鑡」或「欜」字之後多出現數量詞，並和其他斧、斤、鋸、椎、承軸、承釭等器物或器物部件同時出現在「什器簿」中。[12]什器泛指日常生活使用的用具或雜器，[13]從什器簿

11　敦煌懸泉簡中有所謂「欜刃」（IT03093:189 ▨、VT13124:15 ▨），疑「欜刃」即「欜金」。參張俊民，《敦煌懸泉置出土文書研究》（蘭州：讀者出版傳媒有限公司、甘肅教育出版社，2015），頁 101、112、116。這如同「斧金」有時也稱「斧刃」（居延簡 112.23）。

12　「什器簿」一名見簡 81.3，相關什器見簡 85.4。

13　什器即用器，泛指日常使用的雜器。參沈剛，《居延漢簡詞語匯釋》（北京：科學

附表3 檔、鐉字例

1 47.4 (A35)	2 47.5 (A35)	3 85.4 (A8)	4 132.20A (A8)
5 214.17A (A8)	6 227.61 (A8)	7 312.17 (A8)	8 515.44 (A35)
9 522.20 (A35)	10 73EJT1:142A(A32)	11 EPT51.212A(A8)	12 EPT51.212A(A8)
13 EPT51.212A(A8)	14 EPT51.212A(A8)	15 EPT51.212A(A8)	16 EPT51.212A(A8)
17 EPT51.212A(A8)	18 EPT51.212A(A8)	19 EPT51.212B(A8)	20 EJT24:247B(A32)
21 EJT21:185B(A32)	22 73EJT1:271(A32)	23 85.23 (A8)	24 85.28 (A8)
25 303.1+303.6 (A35)	26 512.14 (A35)	27 73EJF3:269+ 597 (A35)	28 IT03093:189 (懸泉)
29 VT13124:15 (懸泉)	30 I90DXT0112②:103(懸泉)		31 L68 (《居延 漢簡》肆)

圖 4　簡 515.44　522.20　　　498.1　　　　　582.5　　　　EPT50.144A

的殘文可知簿中所列器物，各有用途，非必相關，因而總名什器。
值得注意的是鑷曾明確地出現在第二別田令史的車載物品清單中
（簡 47.5）。別田令史無疑是某種田官。[14]裘先生已敏銳地指出居延
47.5 這枚簡出土於大灣 A35，而這裡曾出土大量與屯田有關的簿
籍，應和屯田有關。[15]另一枚大灣出土簡 310.19：「第五丞別田令
史信元鳳五年四月鐵器出入集簿」也值得注意。鐵器雖可泛指一切
鐵製器物，別田令史所出入的鐵器，可想而知應以農具為主。鐵器
中當然也有軍事裝備，如鐵鎧（簡 285.13）、鐵鍉瞀（簡 288.18）之
類，但居延和敦煌簡中軍事裝備或兵器常名之為「兵物」或「守御
器」，其簿冊曰「兵物錄」、「兵簿」或「守御器簿」；鐵器則另有
「鐵器簿」。[16]《漢書‧汲黯傳》注引應劭曰：「故律：胡市，吏民
不得持兵器及鐵出關」，《居延新簡》EPT5.149：「‧甲渠言毋羌人
入塞/買兵、鐵器者」云云，這裡的「兵器及鐵」或「兵、鐵器」
明確分言兵器和鐵器。因而可知所謂「鐵器」應與「兵器」、「兵
物」、「兵」或「守御器」有別。破城子簡 EPT52.15 曾明確提到：
「狠（墾）田以鐵器為本」云云，金關簡 73EJT37.182A：「延延水

出版社，2008），頁 37。

14　參沈剛，《居延漢簡詞語匯釋》，頁 113。

15　裘錫圭，〈漢簡零拾〉，頁 93。

16　例如 520.1、EPT52.488、敦 1064A、敦 1295A、懸泉 87-89C:6（《釋粹》，頁
　　102）。可惜我們沒有例證可以明確知道鐵器簿的具體內容。

丞就迎鐵器大司農府，移肩水金關□□□」，又金關簡
73EJF3.161：「以警備，絕不得令耕。更令假就田，宜可且貸迎鐵
器吏所」，不論居延延水丞迎接大司農府送來的鐵器或僦田而貸的
鐵器都明顯不會是兵器，而是具有金屬部件的農具。《史記·南越
列傳》：「高后時，有司請禁南越關市鐵器」，趙佗在給漢文帝的信
中則說高后：「毋予蠻夷外粵金、鐵田器。」由此可知所謂鐵器或
金鐵器實指田器。以上這些都可補證裘先生之說。[17]裘說對理解
「鑇」之為田器或農具名稱，提示了一個重要的脈絡線索。

　　很多古代農具的名稱固然留存在傳世文獻裡，有些不免失載；
而失載農具的稱謂或形象卻有可能出現於出土的文字或圖像材料。
考證名物宜將傳世文獻、出土簡帛、實物和石刻、壁畫等圖像資料
都納入視野；如果將非文字的資料納入思慮，可供思慮的線索即可
增加。前文所說河西魏晉畫像磚即為一例。其上那位農人蹲踞或站
立在丁字形多齒的橫桿上，由牛牽挽，以破碎土塊和整平田地的農
具雖無榜題，以外觀特徵而言，即有可能是居延漢簡中所記的鑇或
檔。具金屬或木齒的農器很多，可因齒之多少和功用而名稱各異；
其所以名之為鑇（檔），顧名思義，正是因為它以木和鐵質部件製
成，具有少則五，多則達八、九齒的多齒狀貌。

17　雲夢睡虎地《秦律十八種·廄苑律》：「假鐵器、銷敝不勝而毀者」云云，整理者
　　注釋引《孟子·滕文公上》「以鐵耕乎？」指出此處鐵器應指官有的鐵犁一類農
　　具，亦可參。見睡虎地秦墓竹簡整理小組，《睡虎地秦墓竹簡》（北京：文物出版
　　社，1978），頁32。《秦簡牘合集（壹）上》（武漢：武漢大學出版社，2015），頁
　　55注釋仍同此說。簡牘和傳世文獻中有所謂的「田器」，無疑是指農具。但田器
　　非必然以鐵為部件，意義更為廣泛。鐵器應較具體地指田器中那些含鐵質部件的
　　農具。

三 耙地工具──鐵齒䈚榛與鏶（䅖）

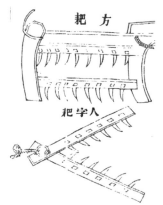

圖 5.1　王禎，《農書》，卷八〈農器圖譜〉

圖 5.2　山東文登徵集的人字耙 木框邊長 133 公分　《中國農業博物館館藏傳統農具》，頁 1-330。

　　這種多齒的農具名稱於文獻無考。唯北魏賈思勰《齊民要術》〈耕田〉篇提到「鐵齒䈚榛」。這是一種用於墾殖荒地，可「杷之」的工具。[18]元代王禎《農書》卷八〈農器圖譜〉將單排或雙排，各帶六至八齒的農具稱為方耙或人字耙（圖 5.1-2）。[19]因此有些書將前述畫像中使用鏶或䅖的畫面解釋為「耙地」。[20]但漢魏以前所謂的

18　《齊民要術》卷一：「耕荒畢，以鐵齒䈚榛再遍杷之，漫擲黍稷，勞亦再遍。明年，乃中為穀田。」參繆啟愉，《齊民要術校釋》（北京：中國農業出版社，1998 第二版），頁 37-40。

19　王禎《農書》圖譜所見方耙和人字耙的形象，也見於近代浙江、山東、安徽、河南等地農村中的實物，參雷于新、蕭克之主編，《中國農業博物館館藏中國傳統農具》（北京：中國農業出版社，2002），頁 129-133，圖 1-322~1-331；潘偉，《中國傳統農器古今圖譜》（桂林：廣西師範大學出版社，2015），頁 25-30。

20　例如張寶璽編，《嘉峪關酒泉魏晉十六國墓壁畫》（蘭州：甘肅人民美術出版社，

圖 6.1　杷　《酒泉西溝魏晉墓畫像磚》，頁 58。

圖 6.2　杷　《嘉峪關酒泉魏晉十六國墓壁畫》，頁 126。

「把」、「杷」或「耙」很清楚是指一種用手持握，長柄帶齒，推引聚集或播揚穀物的工具，非指耙地的耙。《說文》謂杷乃「收麥器」；顏師古注《急就》「捃穫秉把插捌杷」句，謂：「無齒為捌，

2001），頁 127、176；胡之主編，《甘肅嘉峪關魏晉六號墓彩繪磚》（重慶：重慶出版社，2000），頁 24；馬建華主編，《甘肅酒泉西溝魏晉墓彩繪磚》（重慶：重慶出版社，2000），頁 54-55；陳文華編，《中國古代農業科技史圖譜》（北京：農業出版社，1991），頁 244-245；周昕，《中國農具史綱暨圖譜》（北京：中國建材工業出版社，1998），頁 56；潘偉，《中國傳統農器古今圖譜》，頁 25。

有齒為杷，皆所以推引聚禾穀也。」在河西魏晉畫像磚上可以清楚看見手持有齒的杷以播揚或推聚穀物（圖 6.1-2）。居延簡 EPT51.64同時提到畫天田和杷，應是用手持之杷去推平或聚攏天田中的沙，而不是去杷地。無論如何，顏注提示我們：古人可因有齒或無齒而為農具分別命名。如此，少齒或多齒的農具曾有不同的名稱，不也在情理之中？

　　在河西魏晉畫像磚上除了見到多齒的鑡（櫌），河西和山東也存在一種外形有些相似，卻不帶齒的農具。不帶齒的才是孫機所說的櫌、櫌或櫌，也就是字書所謂播種後，用於摩田或覆種的器具（圖 3.1-2、圖 9.1-5）。林巳奈夫將帶齒的說成是櫌，欠妥。或許他沒注意到有齒和無齒的區別，因此沒說無齒的是什麼。孫機正確地指出無齒的才是櫌或櫌，但可能因為在傳世文獻中找不到合適的字詞，他沒說有齒的又該稱作什麼。林、孫二位在考證名物的方法上都相當嚴謹，以傳世文獻中既有的字或詞比對出土實物及圖像資料，凡有不合，都闕而不論。如此一來，歷來字書和農書所無的鑡（櫌）以及鑡（櫌）在圖像材料中存在的可能性，就被置於一旁，而

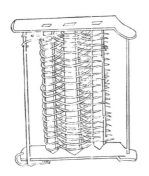

圖 7.1　《農書》，卷八〈農器圖譜〉勞（耮）。

圖 7.2　陝西三原陂西徵集的耮，長 78，寬 48 公分，《中國農業博物館館藏傳統農具》，頁 1-359。

多齒農具另有傳世文獻以外專名的可能，也就在想像和討論之外。

現在看來，多齒的鑡（欓）和無齒的耰或擭，在功能和外形上都不同，無疑應加區別。鑡（欓）、鎺榛或杷都有銳利的木或鐵齒，容易傷及播下的種子，顯非用於摩田覆種，而是用於細碎化和整平犁過的田土。各地土質乾濕軟硬鬆緊不同，種植作物有異，需要的翻土、下種或整平等等耕種程序和器具即非全同。例如《齊民要術》〈耕田〉篇說「耕荒畢(1)，以鐵齒鎺榛再遍杷之(2)，漫擲黍穄(3)，勞亦再遍(4)。明年，乃中為穀田。」為清眉目，我在以上引文中附加了編碼。鎺榛很清楚是一種具有鐵齒，用來杷地的工具。漢魏河西和邊塞多荒地，正須要鑡（欓）、鎺榛或杷（耙）這樣的農具。要化荒地為可用的穀田，大致有編碼所示的四個步驟。最後一步「勞而再遍」的「勞」是動詞，其所使用的工具也叫勞，天野元之助和繆啟愉曾據文獻清楚考證，就是《說文》所謂的「摩田器」和王禎《農書》所說的勞（耮）或擭（圖 7.1-2），其功能之一即「種後覆土」。[21]

上述的步驟，除了用鑡（欓）或鐵齒鎺榛這一步，都可以在嘉峪關一號墓畫像磚上清楚看見（圖 3.1-2）。這方磚的右上端有榜題「耕（耕）種」二字，[22]明確提示了畫面的內容。從畫面左端開始，清楚顯示耕者以牛挽犁耕田在前，其後有二婦女自容器中取種並用手漫而撒下，接著又有人踏在無齒的勞（耮）或擭上「摩田」，也

21　繆啟愉，《齊民要術校釋》，注六，頁 40。其說與日本學者天野元之助同，或即據天野。參天野元之助，〈後魏の賈思勰「齊民要術」の研究〉，收入山田慶兒編，《中國の科學と科學者》（京都：京都大學人文科學研究所，1978），頁 423-430。

22　耕為耕的異體字見顧南原，《隸辨》（北京：中國書店，1982）卷二平聲下，耕第十三所收「費鳳別碑」，頁 254。

圖 8.1-3　左右相臨的兩方畫像磚形成連續畫面，高台駱駝城許三灣魏晉墓出土畫像磚，採自甘肅高台網。

就是用耱或勞的橫桿抹過土表，使撒在土表的種子壓覆到土中去。[23]山東滕縣黃家嶺畫像石僅呈現了先犁耕，後耱田的相似步驟，省略了兩步之間的播種。但甘肅高台駱駝城許三灣魏晉墓群出土左右相臨的兩方畫像磚（圖 8.1-3）表現出先犁耕，續播種，再以

23　修訂小稿期間，才發現天野元之助在〈後魏の賈思勰「齊民要術」の研究〉一文中，已利用相同的畫像磚得到相同的見解，特此聲明。又天野之作已極詳盡地徵引了中日前輩學者的研究，本文一概從略。又王禎《農書》中所見耮的形象，也見於近代陝西興平、三原陝西和甘肅永靖農村中的實物，參雷于新、蕭克之主編，《中國農業博物館館藏中國傳統農具》，頁 145-146，圖 1-358 至 1-360；潘偉，《中國傳統農器古今圖譜》，頁 35-41。

耰磨田的步驟和前述嘉峪關魏晉一號墓「耕種」圖中所見完全一樣。

四 河西畫像裡的耰、耱、耢田

《齊民要術》則較完整地記述了開荒種植所有的步驟或程序。程序最後一步所用的耰、耱或勞（耢）這類「摩田器」，在外形上雖不完全一樣（例如圖 9.5），一個共同的特點是都不帶齒。此外，使用耰、耱或勞（耢）的人皆站立，以雙腳或單腳踩在橫桿上，不必太過重壓，能使撒下的種子埋入土中即可（圖 9.1-5）。圖 9.5 所示由多排橫豎的木桿構成，這和前述《農書》農器圖譜所謂的無齒耙—「勞」以及近世徵集的實物勞最為相似（圖 7.1-2）。或許由於這種多排縱橫木桿構成的耰、耱或勞（耢）本身已有足夠的重量，由牛牽引，抹過土表，即足以使種子翻覆在土下，因此畫像磚上的耕者可較省力地在前牽牛而已。河西畫像上單條或雙條多排的丁字形橫木器（圖 9.1-5）應是作用相同但構造較簡單的耰、耱或勞（耢）（不像圖 7.1-2 所示木桿上加纏柳，荊或藤條）。因構造簡單，重量較輕，耕者常須單腳或雙腳站在橫木上加壓。以上畫像磚所見，頗可以和繆啟愉在《齊民要術導讀》中對勞的解釋相印證：

圖 9.1 《酒泉西溝魏晉墓畫像磚》，頁 51。

圖 9.2　《酒泉西溝魏晉
墓畫像磚》，頁 54。

圖 9.3　《嘉峪關酒泉魏晉
十六國墓壁畫》，頁 130。

圖 9.4　《嘉峪關酒泉魏晉
十六國墓壁畫》，頁 53。

圖 9.5　《甘肅高台魏晉墓》，頁 8。

一種漢晉河西和邊塞使用的農具——鑡（檔）　113

勞：《要術》也用於種後覆土和苗期中耕，使用時有重勞、輕勞之分，依據不同季節和不同作物，看需要重壓還是輕壓而定。重勞是勞上站人或坐人以增加重量，輕勞是勞上不加人的空勞，就是《要術》說的「空曳勞」。[24]

可是使用鐮（欛）碎土，則須蹲踞在鐮（欛）的橫桿上，使用者利用體重加壓，使木或鐵齒能較深地劃入土中，達到碎土的效果。因為蹲踞或坐在橫桿上，身體較低矮，可同時伸手除去田中雜草。《齊民要術》〈種穀第三〉提到禾苗長出後，要以鐵齒鎺榛縱橫杷而勞之，並記載了「杷法：令人坐上，數以手斷去草，草塞齒，則傷苗。」[25]這種坐在鎺榛上的姿勢和河西魏晉畫像磚上所見幾乎一模一樣（圖 3.2、3、4、6）。

五 異名、異形、異用的多齒農具——鐮（欛）與钁

總之，我必得承認前文所說缺少畫像榜題「鐮」或「欛」的直接文字證據，漢簡也沒描述鐮（欛）的外形或功用，因此拙說頂多是一個不同角度的猜測。古代為農具命名或因功能，或因外形，或因地區習慣，或兼因材質而頗相出入，今人脫離古代環境太遠，除了據蛛絲馬跡略作揣測，許多已不易完全釐清。幸而居延簡85.28+85.23 列出的什器中有「具六分鐮一枚 具四分鐮一枚」的記

---

24 繆啟愉，《齊民要術導讀》（重慶：巴蜀書社，1988），頁 58。
25 繆啟愉，《齊民要術校釋》，頁 67。

錄（圖 10）。[26]「具」字應如同「具弩」
的具，指部件齊備的器物。六分或四
分之意有兩種可能：一指齒長六或四
分。從前引河西畫像磚和實際功能
看，齒如僅長六或四分（1.32-0.72 公
分），不到一寸，未免太短，難以發揮
耙地功能。另一個可能是「分，別也」
（《說文》），六分、四分鑡指其齒六別
或四別，也就是鑡一件具有六或四枚
齒。[27]2001 年敦煌佛爺廟墓群曾出土西
晉彩繪畫像磚，磚上繪有已殘損的耙
地牛，幸好牛拉的耙清晰可見有五齒

圖 10　居延簡 85.28+85.23 及
局部

（圖 11），可以和漢簡中所說六分和四分鑡相印證。不論如何，六分
鑡或四分鑡在外形上和單頭或雙頭的舌明顯不同。不論出土實物

26　這原是兩件削衣，2014 年由史語所簡牘整理小組顏世鉉先生成功綴合。

27　「分」的意義可參證洛陽西朱村曹魏大墓出土的石牌。石牌銘有婦女頭飾名「三
　　分翡翠…」、「四分翡翠…」、「八分翡翠…」者，李零釋「四分翡翠金/白珠□一」
　　時說：「四分：器壁四分」，器壁四分應指某種形式飾物之體有四面。趙超指出翡
　　翠乃翠鳥羽毛，私意以為有一個可能即用金箔為體，以金縷纏繞翠鳥羽毛、白珍
　　珠而成有三、四或八面的鈿飾。另一石牌銘曰「八分翡翠金白珠挍奠二」。按，《集
　　韻》謂：「居肴切，音交。亂也。」《康熙字典》謂：「又古巧切，音絞。義同。」
　　絞者，絲繩相交纏也；奠即鈿。同墓所出石牌銘又有「翡翠金縷白珠挍百子千孫
　　珮勝一」，可見金可指金箔，也可指金絲縷。《玉臺新詠》卷一錄曹操主簿繁欽
　　作〈定情詩〉有「金薄畫搔頭」句，金薄即金箔。總之，分不是指長度三、四或
　　八分。參李零，〈洛陽曹魏大墓出土石牌銘文分類考釋〉《博物院》5（2019），頁
　　10-15；趙超，〈洛陽西朱村曹魏大墓出土石牌定名與墓主身份補證〉，《博物院》5
　　（2019），頁 33。

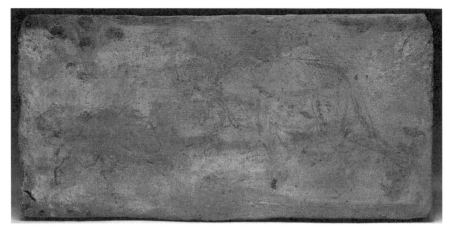

圖 11　敦煌佛爺廟西晉墓出土畫像磚　採自敦煌市博物館編《敦煌文物》（蘭州：甘肅人民出版社，2002）

（圖 1.1）或河西畫像磚的描繪（圖 2.4），迄今可考漢、晉的畚僅見單頭和雙頭兩種，絕不見有三、四齒以上而被名之為畚的文字或圖像證據。

從戰國到漢世另有一種單齒或二、三至五齒的掘硬土工具叫钁（圖 12.2-3），其木柄插孔的位置、使用的方法和畚完全不同，二者

圖 12.2　1951 年河南輝縣戰國墓出土單齒钁，國家博物館藏，2012 年作者攝。

圖 12.3　五齒钁，長 16 高 12 公分 1980 年福建崇安漢城遺址出土，採自《文物中國史：秦漢時代》（香港：中華書局，2004）。

不可相混，孫機曾論之甚詳。[28]又钁和耟雖然都多齒，但因外形、功用和使用方式迥異，因此各有其名。六或四齒者或既名為鑡，和河西魏晉畫像磚所見八、九齒者功用和結構相同，故可視為後者的輕便簡單型，這如同钁也有單、雙、三或五齒者。漢代河西邊塞是否另有八、九齒或其他齒數的碎土工具，須待更多的證據。

六 幾點補充說明

以上的猜測最好有實物相印證。可惜貝格曼的額濟納考古報告列有不少鐵製農具，[29]沒有可和鑡（檔）部件相比對的。1973-74年發掘破城子等遺址的考古報告迄今尚未出版；如果出版，或許可以有些線索。目前勉強可一提的線索是敦煌馬圈灣漢代烽隧遺址發掘報告。報告中列有不少鐵製器具，例如鐮、斧刃、刀、鑿、削、鋤、耟刃，還有所謂的鐵「釘」。其中三枚 I 型鐵釘，以鍛鐵片捲為圓形錐狀，一頭平，一頭尖，中空，長 15.7 公分；四枚 II 型鐵釘，鍛打成方柱實心釘，一頭尖，一頭平，長 14.5 公分（圖 13.1-2）。[30]這七枚釘只有兩枚有圖版刊布。據圖版，兩枚釘的尖部都已殘損，殘長相近，一為圓錐中空，一為方錐柱實心，形制不同。其中一種不無可能是漢簡中所說的鑡金。這些十餘公分長的鐵釘若干

---

28 孫機，《漢代物質文化資料圖說》，頁 3。

29 Bo Sommarström, *Archaeological researches in the Edsen-Gol region Inner Mongolia* (Statens Etnografiska Museum, 1957), pp. 116,122,138,154,177,183.

30 甘肅省文物考古研究所編，《敦煌漢簡》（北京：中華書局，1991），附錄，頁 95、124，圖 26。

枚成排插在橫木桿上即成了耙地的
齒。插入的方式可參本文圖 5.1-2。
後世農具的耙齒有鐵製，也有木
製。北京中國農業博物館所藏者，
鐵、木齒長短不一，在 5 至 20、30
公分左右，鐵製者則多為 16、17 公
分。[31]臺灣日據時代的鐵製耙齒長
「七寸」，[32]也在 16、17 公分左右，
稍長於前述兩種失去尖部的馬圈灣
鐵「釘」殘件。這些殘件尖部如復
原，長度即約略相當。我必須強調
即使馬圈灣這些所謂的鐵釘是齒（檔
）金，目前證據還嫌太少，仍待今
後有更多類似鐵釘和伴出的木質部

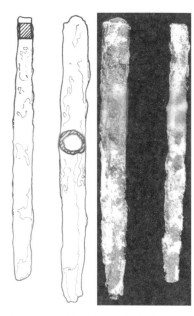

圖 13.1-2　敦煌馬圈灣遺址出土 I、
II 型鐵釘

件出土，才能確證拙說。木齒在考古遺址中或許易朽而不易留下痕
跡；即使留下木或鐵齒，過去大家不知有「檔」這種農具的存在，
因此不會留意。即便留意，如無伴出部件，容易被誤認為是一般木
或鐵釘之類。

　　此外還有兩點需要交待。第一，齒（檔）作為農具名稱，為何
不見於傳世的《急就》、《方言》、《說文》、《釋名》等字書或其他
漢晉文獻？而僅見於居延漢簡和河西魏晉畫像磚？我的猜測是這樣

31　參雷于新、蕭克之主編，《中國農業博物館館藏中國傳統農具》，頁 126-138，圖
　　1-315~1-342。
32　臺灣總督府殖產局編，《臺灣の農具》（東京：慶友社，1923 年刊，1992 重印），
　　頁 12。

形式和功能的農具，各地雖曾普遍使用，其名稱卻可能屬漢晉河西和西北邊塞所特有，中原士人不熟悉，因此失載。例如《方言》卷五曾列出「畬」在宋魏之間、江淮南楚之間、沅湘之間、趙魏之間、東齊各地，甚至東北朝鮮洌水之間的異稱，獨獨不及「自關而西」或河西的名稱。這是因為江淮南楚和自關而西都稱為畬？或是因為揚雄沒能採集到自關而西和河西相關的方言材料？不得而知。揚雄和王莽同時；王莽時既有人名曰廉斯鑡，鑡字和其所指之物，明明存在，揚雄沒提，《說文》未收，應屬失載。賈思勰《齊民要術》雖提及和鑡（檔）功用相似的杷，卻名之曰鐵齒鋼榛。鋼榛無疑為器物名，鐵齒為其外形特色。這是因為《要術》一書主要是反映黃河中下游，尤其是作者比較熟悉的齊地耕俗和土語，[33]因此也沒提到河西和西北邊塞名之為鑡（檔）。

第二，有些讀者可能會懷疑本文用了不少後世，甚至晚到 20 世紀的農具去理解漢三國魏晉之世的情況，這不是明明犯了史學研究方法上「以今證古」的大忌？這樣作，確實有危險。但由於這十餘年我關注傳統中國的基層社會，尤其是作為人口主體的農業聚落和生活，不得不說中國農村兩千多年來在各方面的延續性，強烈到令人訝異的程度。僅以本文所涉的農具和使用方法為例，大家只要稍稍比較本文所曾引用陳文華編《中國古代農業科技史圖譜》（1991）、周昕編《中國農具史綱暨圖譜》（1998）、雷于新、蕭克之編《中國農業博物館館藏中國傳統農具》（2002）和潘偉編《中國傳

---

33 《齊民要術》反映的地域性，請參天野元之助，〈後魏の賈思勰「齊民要術」の研究〉，頁 388-389；繆啟愉，《齊民要術導讀》，頁 4-6，或《齊民要術校釋》，前言，頁 1。繆啟愉和天野元之助的說法相同。

統農器古今圖譜》（2015）四書所輯錄從古到近世的農具實物和圖像，再看2014年臺灣大愛電視台在甘肅慶陽拍攝到農人以「重耪」方式「摩田」的過程以及我在網路上找到今天甘肅民勤農民糖地的景象，竟然和河西魏晉畫像磚上所見幾乎無異（圖14.1-3）。這些當今仍然存在的農具和使用方式，應該能大大減少大家對「以今證古」的疑慮吧。

103.12.13/108.7.16

1   2

圖 14.1-2　2014 年甘肅慶陽農人站立在以牛牽引的糖（耪）上摩田，糖（耪）經過後，翻起的土即抹平，畫面截取自臺灣大愛電視台 2015.11.14 播出的「肇始周秦」電視片。

圖 14.3　2015 年甘肅民勤農民糖地，採自網路。http://www.cygm006.com/2015/0603/588.html （2016.1.17 檢索）

附圖出處

1. 周昕，《中國農具史綱暨圖譜》（北京：中國建材工業出版社，1998）

2. 袁融總主編，《甘肅嘉峪關魏晉六號墓彩繪磚》、《甘肅酒泉西溝魏晉墓彩繪磚》等一系列書（重慶：重慶出版社，2000）

3. 張寶璽編，《嘉峪關酒泉魏晉十六國墓壁畫》（蘭州：甘肅人民美術出版社，2001）

4. 雷于新、蕭克之主編，《中國農業博物館館藏中國傳統農具》（北京：中國農業出版社，2002）

5. 甘肅省文物考古研究所編，《敦煌漢簡》（北京：中華書局，1991）

6. 臺灣總督府殖產局編，《臺灣の農具》（東京：慶友社，1923年刊，1992重印）

7. 王禎，《農書》，據史語所電子文獻資料庫四庫全書本

後記

　　本文修改期間曾得馬怡、顏世鉉和黃儒宣指正和提供資料，特此誌謝。徐中舒主編《秦漢魏晉篆隸字形表》頁 1013 以《玉篇》和居延簡甲 2125 為例，收「鑡」字，未收「樀」字。2015 年 5 月訪長沙，承蒙李洪才先生持贈其 2014 年博士論文《漢簡草字整理與研究》。他於「楯」之外，以肩水金關簡 73EJT1:142 為例，另列出「樀」字，但未收「鑡」字。

補後記

　　2016 年 8 月 15 日因為參加中央研究院歷史語言研究所和山東大學合辦的齊魯文化研習營，在聊城舊城內的鄉村記憶博物館，我首次親見聊城地區鄉間收集來的人字形和長方形耙（圖 15.4），和本

文附圖 5.1-2 所見幾乎一模一樣。參加研習營的同學有來自甘肅和山東鄉下的，他們說小時候還曾見過或使用過這樣的農具。這些農具雖已成為今天不少地方的「鄉村記憶」，但追究起來它們的存在已達兩千多年！

圖 15.4　聊城鄉村記憶博物館陳列的耙
2016.8.15 作者攝

　　2016 年 11 月 13 日走訪德國史派亞的歷史博物館（Historisches Musuem der Pfalz, Speyer）見到 19 世紀初的德國農具，其中有與鑡相當類似的，曾拍下照片（圖 16.1-2）。歐洲中古時代的耕作程序和中國古代十分相似，先犁，後撒種，再以類似的耱覆土。在英國 11 世紀長達 70 公尺，寬約 50 公分刺繡而成的巴約掛氈（Bayeux Tapestry）上即可見到（圖 17）。姑附於此，以供參考。在追索歐洲類似農具的過程中，曾獲海德堡大學東亞研究中心韋莎亭女士（Jeanette Werning）的大力協助，謹此誌謝。

105.3.13/107.4.21 再補

圖 16.1-2　19 世紀德國與「鑡」類似的農具名叫 egge（德語）或 harrow（英語）
2016.11.13 作者攝

再補後記

去年任攀先生曾示下其大作〈漢簡中農具名稱「梩」「鍤」釋讀補說〉，提出許多珍貴的意見，基本上不贊成拙說而支持梩應釋作畚，並指出居延新簡 EPT51:212 提到「梩一破耳」，認為「從文獻記載看，作為器物部件名稱的「耳」一般是指位於器物兩旁、相向而立、形制

圖 17　11 世紀英國巴約掛氈耕作圖局部（本圖下緣從左到右犁田、播種和以類似耰的農具覆土，唯操作方向或與實際情況正相反）採自維基百科公共財圖片。

相同的部件，譬如鼎耳、犁耳」，「可以跟居延漢簡 498.9 號簡說鐅『破傷』比較，知所謂『破耳』就應該是就梩的重要部件鐅而言的。」誠如任先生所說器物兩旁，相向而立，形制相同的部件可稱為耳。《太平御覽》卷四九六錄應劭《漢官儀》引「里語曰：仕宦不止車生耳」，漢鏡銘文也有「作吏高遷車生耳」之句，「車生耳」指的是車兩側擋泥的車輢，可證任先生之說有其理（參見孫機《漢代物質文化資料圖說（增訂本）》頁114）。但由車耳措詞亦可見凡器物兩側相向而立、形制相同的，都可以名為耳。拙文所說具有五、六或八、九齒的農具或鍤，如果僅兩側的木齒或鐵齒有損傷，其餘部分完好，似乎正可稱之為破耳。「破傷」則為漢簡文書中的常詞（例如金關簡有破傷的車乘 73EJT6:188、73EJT10:244），指更嚴重的損傷。居延簡 498.9「破傷」二字之後還有「不可用」三字，可見損壞的不僅兩側了。

109.6.4

伏几案而書

再論中國古代的書寫姿勢（訂補稿）

　　中國古代桌椅出現以前，在竹木簡或紙張上書寫，曾經採取怎樣的書寫姿勢？近來成為熱門的話題。除了孫曉雲、馬怡、何炎泉、賴非、王曉光和李松儒，[1]日本學者馬場基也從日本木簡和紙的書寫，結合日本的繪卷資料，作了有啟發性的討論。[2]我過去也

1　孫曉雲，《書法有法》（臺北：未來書城出版社，2003）；馬怡，〈簡牘時代的書寫——以視覺資料為中心的考察〉，《中國漢畫學會第十四屆年會論文集》（西安：三秦出版社，2013），頁 151-181；馬怡，〈中國古代書寫方式探源〉《文史》，第3 輯（2013），頁 147-189；馬怡，〈從「握卷寫「到」伏紙寫」——圖像所見中國古人的書寫姿勢及其變遷〉，收入社科院歷史所文化史研究室編，《形象史學研究（2013）》（北京：人民出版社，2014），頁 72-102；何炎泉，〈晉唐法書中的節筆現象與摺紙文化〉，《國立臺灣大學美術史研究集刊》，第 35 期（2013），頁 1-48；何炎泉，〈北宋的毛筆、桌椅與筆法〉，《故宮學術季刊》，31：3（2014），頁 57-102；賴非，〈家具變革引起了漢字字體的改變〉，《賴非美術考古論集》（濟南：齊魯書社，2014）。王曉光雖曾吸收了一部分我在〈漢代簡牘的體積、重量和使用〉一文中的意見，但仍持和賴非相同的看法，認為「漢代人並非置簡牘于几案上書寫」。參氏著，《新出漢晉簡牘及書刻研究》（北京：榮寶齋出版社，2013），頁 361-362。研究戰國楚簡字迹的李松儒也指出「戰國秦漢時期的古人一直是以跪為坐，身旁的几案用來放置物品，而不是作為欲書寫而枕墊的工具。先秦秦漢時代一直採用懸腕持簡的書寫姿勢，到了中古時代才出現高足家具從而改成墊置書寫。」參李松儒，《戰國簡帛字迹研究》（上海：上海古籍出版社，2015），頁 115。

2　馬場基，〈書寫技術の傳播と日本文字文化の基層〉，收入角谷常子編，《東アジア

曾提出一些意見，[3]現在打算就近日所思，略說一二，再向時賢求
教。

　　誠如馬怡、何炎泉、賴非、李松儒等學者指出，迄今在唐代以
及唐以前圖像資料裡能見到的書寫姿勢，幾乎都是坐或站，一手執
筆，另一手持簡或紙，不見伏案或伏几而書的例子。何炎泉更積極
從早期書法名家作品上的「節筆」現象去論證他們是先摺紙而後手
執紙筆而書。[4]當代書法家賴非、王曉光和孫曉雲則從考古文物和
自身的書法實踐出發，認為最少晉代以前書寫不用几案。賴非指
出：「中原地區的人書寫簡牘時的姿勢，並不是像我們想像的如現
代人書寫的架勢那樣，把簡牘平放在几案上，躬下身去，左手按
簡，右手握筆，伏案而書。他們的几案僅僅是用來放置簡牘和其他
文具的。」[5]孫曉雲更斬釘截鐵地說：「王羲之絕不是在几或桌子上
書寫。」[6]

　　魏晉以前文獻中對書寫姿勢的描述其實極少；即使有，如何理
解，也有分歧。例如《鹽鐵論・取下》記載賢良說過一句話：「東

　　木簡學のために》（奈良：奈良大學，2014），頁227-250；中譯本，〈書寫技巧的
　　傳播與日本文字文化的基礎〉，收入角谷常子編，《東亞木簡學的構建》（奈良：奈
　　良大學，非賣品，2014），頁175-192；又見馬場基，《日本古代木簡論》（東京：
　　吉川弘文館，2018），頁273-296。

3　邢義田，〈漢代簡牘的體積、重量和使用——以中研院史語所藏居延漢簡為例〉，
　　收入邢義田，《地不愛寶》，頁1-50。

4　何炎泉，〈晉唐法書中的節筆現象與摺紙文化〉，頁1-48。

5　賴非，〈家具變革引起了漢字字體的改變〉，頁21。

6　孫曉雲，《書法有法》，頁76。近見北京師範大學音像出版社出版的啟功先生教書
　　法的影片，片中啟功先生曾親自示範古人如何席地，手持紙筆而書。https://www.
　　youtube.com/watch?v=HLVRkWehO8g&list=PLYEPKV31Pq86Lw1rkTUwG6RW06wc
　　lk0-X（2018.2.25檢索）

嚮伏几，振筆如（按：王利器引楊沂孫曰：「如」同「而」）調文者」。[7]
這句話是說書寫者東向坐於几前，俯身執筆就几案書寫嗎？既曰伏
几，是否是以几為依托，置簡或帛於几面上？馬怡表示異議。她指
出古代的几或者太窄，或者太矮，並不適於書寫，[8]又在傳給我的
電郵中表示「東嚮伏几」和「振筆調文」分指兩事，伏几和振筆無
關，因此這兩句並不是說在几上書寫。古代的几案不論從出土實物
或圖像資料來看，一般似乎不高，席地伏身而書，確實不如後世在
較高的桌椅上書寫來得舒服方便。因此，我雖曾認為《鹽鐵論》所
說可為伏几而書的明證，[9]經馬怡指教，想法不禁一度動搖。

　　近日讀到馬場基教授的論文，指出日本木簡主要用於簡、紙並
用的西元八世紀。那時已有桌子，但日本人可能受到唐代中國習慣
的影響，多捨桌子不用，坐著一手執筆，一手持紙而書寫（圖
1-2）。他分析十二世紀以降的日本繪卷或畫典，發現「執紙書寫」
的畫面「壓倒性地多」；「在桌上書寫」是例外。抄寫佛經或公文
書，須工工整整書寫時才用桌子。但他進一步考慮到用簡或紙，在
雙手一無憑依和以桌子為依托兩種不同情況下書寫的難度，卻認為
日本在七世紀下半期以後，書寫姿勢應該是「執紙書寫」和「在桌
上書寫」兩種並存。我稍稍查考了一下成於十四世紀，其所本可追
到十二世紀的京都知恩院四十八卷本的《法然上人行狀繪圖》，發
現在同一繪卷上的確同時存在著最少兩種書寫姿勢（圖 3.1-3.2），可

7　王利器，《鹽鐵論校注》（臺北：世界書局，1970），卷七，頁 275。
8　馬怡，〈中國古代書寫方式探源〉，頁 153。
9　邢義田，〈漢代簡牘的體積、重量和使用——以中研院史語所藏居延漢簡為例〉，
　　頁 31。

證馬場之說有其根據。[10]

一 阮籍、王羲之和高君孟

馬場教授的結論刺激了我去追問：唐代以前華夏中土之人真的都像圖畫資料所示，只是坐或站著一手執筆，一手持簡或紙，不必依托而書嗎？真的沒有伏身几案或其他書寫的姿勢？沒有較高的几或案可供書寫？戰國至兩漢出土的帛書、帛畫不少，單手持帛，一無依托，又是如何書寫或作畫？這些問題迫使我繼續留心可能的線索。不久前看到《晉書·阮籍傳》有一段勸進司馬昭加九錫的故事：

> 會帝（按：指司馬昭）讓九錫，公卿將勸進，使籍為其辭。籍沈醉忘作。臨詣府，使取之，見**籍方據案**醉眠。使者以告，**籍便書案，使寫之**，無所改竄，辭甚清壯，為時所重。[11]

阮籍有文才，大家都熟悉，但有一個細節容易被忽略：他的勸進文是醉中寫在案面上，由來催取的使者據案上所書抄錄。

阮籍直接寫在案面上，有沒有可能是醉中將案面當成了簡或

10　《法然上人行狀繪圖》描繪執紙而書的確實較多，伏几案而書的較少。但伏几案而書的也頗有其例，參塚本善隆編，《法然上人繪傳》，收入《新修日本繪卷物全集》14（東京：角川書店，1977），頁 42、54、74、76、95。

11　《晉書》卷四九，阮籍傳（本文引廿五史概據中華書局點校本，以下不再注明）。同一故事的另一記載見楊勇，《世說新語校牋》（臺北：明倫出版社，1972）上卷，文學篇第四，頁 193：「魏朝封晉文王為公，備禮九錫……司徒鄭沖馳遣信就阮籍求文；籍時在袁孝尼家，宿醉扶起，書札為之，無所點定，乃寫付使。」

圖 1.1 　《石山寺緣起》廿一紙，
《日本繪卷大成》，卷十八。

圖 1.2 　《石山寺緣起》六紙，
《日本繪卷大成》，卷十八。

圖 2 　《一遍上人
繪傳》《日本繪卷大
成》，卷二十七。

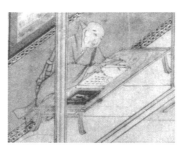

圖 3.1 　《法然上人行狀畫圖》。

圖 3.2 　《法然上人行狀畫圖》，
《新修日本繪卷物全集》14。

紙？由此可以推想：這個案應不會是那類可托舉在手，用以進呈名刺或進奉食物的小案。因為這篇「為時所重」的勸進文凡三百八十三字，頗為完整地保留在今本《文選》卷四十和《晉書・文帝紀》。阮籍書寫的字體大小已無從得知，但醉中能寫的字大概不會像通常寫在竹木簡上的那麼小；他所寫的案面，無論如何應有足以容下近四百字的大小。其次，他既書於案，案低矮，肯定要伏身案前；醉後而書，大概很難端坐，也不易手持簡或紙，了無依托。過去的學者如孫機和揚之水僅說案供放置、承托物品，沒說是否用於書寫，馬怡則明確指出不用於書寫，三人都不曾徵引《阮籍傳》這段材料。[12]他們不用的一個考慮可能是阮籍於案上寫字，是醉後的特殊情況，不是常態，因此不能據此論定几案供書寫之用。

然而，無獨有偶，另一個曾在几案上寫字的例子正是王羲之。南朝宋泰始年間的虞龢在《論書表》中說了兩個故事：

> 又羲之性好鵝。山陰曇𪨶（一作釀）村有一道士，養好鵝十餘，王……乃告求市易，道士不與，百方譬說不能得。道士乃言性好道，久欲寫河上公《老子》，縑素早辦，而無人能書，府君若能自屈，書《道》、《德》經各兩章，便合群以奉。羲之便住半日，為寫畢，籠鵝而歸。

> 又嘗詣一門生家，設佳饌供億甚盛。感之，欲以書相報，見有一新棐床（一作材）几，至滑淨，乃書之，草、正相半。門生送王歸郡，還家，其父已刮盡。生失書，驚懊累日。[13]

---

12 孫機，〈家具1〉《漢代物質文化資料圖說》（北京：文物出版社，1991），頁216-219；〈家具1〉、〈家具II〉《漢代物質文化資料圖說》（增訂本）（上海：上海古籍出版社，2008），頁251-260；揚之水，〈兩漢書事〉《古詩文名物新證》（二）（北京：紫禁城出版社，2004），頁377-381。

13 參張彥遠輯，洪丕謨點校，《法書要錄》（上海：上海書畫出版社，1986），頁31。

這兩個故事又見於《晉書‧王羲之傳》，僅文辭小異。[14]王羲之在香木几或床几上寫字，又在縑素上寫《道德經》。不論故事真假，令人好奇的是他以什麼姿勢在几上寫字？如何將五千言寫在縑素之上？又寫於縑帛和簡、紙，有無姿勢和工具上的不同？山陰道士所備縑素的長寬，不得而知，但長沙馬王堆漢墓出土的帛書甲、乙本《老子》和其他典籍，帛寬二十四至四十八，最長至一九二公分。[15]這是否能像西晉成公綏《隸書體》所說「舉弱腕，握素紈」那樣的姿勢書寫？王羲之自知書法值錢，為報美食之恩，才刻意在几或床几上寫字。或因醉，或因刻意，阮籍和王羲之的故事有趣味和戲劇性，才被記載了下來。換言之，較日常的書寫方式反而會被認為不值得一提，沒人記述或描繪，也就難以留下痕跡。

正因為日常平淡的生活痕跡難以留下，東漢高君孟的故事就顯得格外珍貴。桓譚《新論》提到：「高君孟頗知律令，嘗自伏寫書。著作郎署哀其老，欲代之。不肯，云：『我躬自寫，乃當十遍讀。』」[16]古代几案低矮，要在其上書寫，即便席地，也不能不俯身，因此才說「伏寫」。高君孟沒有醉，也不以字報恩，只是一位年老的著作郎。或許有人會說：高君孟因年老力衰才如此，也是特例，不代表常態。然而這個故事最少應該可以證明：

第一，《鹽鐵論》說的「伏几」不是孤例。[17]如果《鹽鐵論》的

---

14 如「新棐床几」《晉書‧王羲之傳》作「新棐几」。按古人常坐於床上，床上又置几，因此稱床几。這裡的床几與几實指同一類物品。

15 陳松長，《帛書史話》（北京：中國大百科全書出版社，2000），頁 16-89。

16 朱謙之校輯，《新輯本桓譚新論》（北京：中華書局，2009），頁 63。

17 另一或可參考的例子是《後漢書》卷八十上，文苑傳「杜篤」條，杜篤上奏《論都賦》曰：「伏作書一篇，名曰論都」云云。杜篤寫作《論都賦》的年齡不可知，

「東嚮伏几，振筆如調文」在理解上尚存爭議，高君孟「伏寫」的「伏」字不能讀作「憑」，而應像南北朝已出現的「伏紙」一樣，[18] 一伏寫於紙，一伏寫於簡或帛，語意明確，難有它解。既云「伏」，必不是端坐，而指書寫者席地俯身；「寫」則不論是否懸肘懸腕，不外乎在地、席或某種有一定高度的承具上抄謄書寫。

第二，正因為高君孟年老力衰而採取「伏寫」之姿，這恰恰可以證明放置簡、帛或紙於某種承具，俯身而寫，應比端坐雙手各執筆、簡或帛紙，臂肘一無依托要省力。果如此，可否推想：一般百姓、書手或終日與文書為伍的刀筆吏，依人情之常，是否會採取較為省力的書寫姿勢？《鹽鐵論》和《新論》提到伏几或伏寫的人都是吏，這意味一般的吏不必然採取和書法家同樣的書寫姿勢。

■二 顧愷之作畫用鎮

即使以書法名家而論，魏晉以後紙張已普遍，書畫大興。凡書法名家如蔡邕、王羲之、王獻之幾無不兼善書畫。他們也幾乎無不強調書、畫用筆同法。[19] 繪畫多用紙或縑素，如果說繪畫時用几

但應不是年老力衰以後。唯此為奏書，「伏」字也有可能像「伏地再拜」一樣，是敬語謙詞。

18 例證參馬怡，〈從「握卷寫」到「伏紙寫」——圖像所見中國古人的書寫姿勢及其變遷〉，頁82。

19 張彥遠，《歷代名畫記》（收入于安瀾編，《畫史叢書》，上海：上海人民出版社，1963）卷二論顧愷之、陸探微、張芝、吳道玄用筆，再三提到：「故知書畫用筆同法」，頁21-23；又參卷四、卷五；張彥遠輯，洪丕謨點校，《法書要錄》卷八所錄張懷瓘《書斷》，頁210。

案，書寫時不用，運筆技巧難免因有無依托而有所調整，書法家甚至指出連握筆的方式都會不同。[20]果真如此，則所謂「書畫用筆同法」要如何理解？既然說用筆同法，應不會有書寫時無依托，繪畫時才以几案為依托的情形。如果說在縑素上繪畫也不用几案，豈不難以想像？顧愷之《魏晉勝流畫讚》曾提到自己如何作畫：

> 凡吾所造諸畫，素幅皆廣二尺三寸。其素絲邪者不可用，久而還正則儀容失。以素摹素，當正掩二素，任其自正而下鎮，使莫動其正。[21]

他的話見於唐代張彥遠的《歷代名畫記》。張彥遠曾讀過很多其先祖收藏的書畫以及當時還存在，今已失傳與書畫有關的前朝著作。《魏晉勝流畫讚》即為其一，其可靠性，從無疑者。顧愷之作畫所用素面縑帛之類，廣達二尺三寸，也就是約五十三、五十四公分，這比一般全幅的帛略寬，[22]手持全幅的縑帛，一無依托地作畫，是否可能？更值得注意的是他提到描摹畫作，是將兩方縑帛相疊，任縑帛之面自然平整後，再以鎮壓住，以免移動失真。

　　顧愷之特別提到鎮，這可以說是在几案等平面傢俱或地上書寫或繪畫的鐵證。有學者認為古人或將縑帛裱褙於壁，[23]也有的認為是先將縑帛上膠並用工具繃緊，[24]或將縑帛如紙一般捲成卷，再書

20　孫曉雲，《書法有法》，頁 34-36、51-54、74-91。

21　張彥遠，《歷代名畫記》，卷五，頁 70。

22　一般帛寬二尺二寸，長四丈為一匹。參馬怡，〈漢代的麻布及相關問題探討〉，收入邢義田、劉增貴主編，《古代庶民社會》（臺北：中央研究院歷史語言研究所，2013），頁 171-240。

23　孫曉雲，《書法有法》，頁 69。

24　陳松長，〈馬王堆帛書的抄本特徵〉，《湖南大學學報（社會科學版）》，21:5（2007），頁 23。

寫作畫。[25]裱褙或懸掛於壁、繃緊和捲成卷都有可能；唯如此，則不須，也不可能用到鎮。描摹圖畫，為求不走樣，固然要以鎮壓住相疊的縑帛；縑帛之絲有經有緯，常難平整，即便不描摹，僅在其上寫字或作畫，同樣須要先用鎮壓住縑帛邊角，令

圖4　宋《十八學士圖》局部，臺北國立故宮博物院藏。

其稍平且不易滑動而後落筆。自戰國以降，金、玉、銅、鐵之鎮出土很多，一般認為鎮多用以鎮席。[26]據顧愷之所說，無疑也曾用以鎮縑帛。他說「凡吾所造諸畫」云云，可見除非是壁畫，凡以縑帛之類作畫就得用鎮，並不限於描摹時才用。無論如何，鎮以重量壓物，只能用在席、榻、几、案或桌等具有平面的傢俱或地上。宋代著名的「十八學士圖」即明確描繪出如何在桌上利用鎮尺壓住紙的兩端而後落筆（圖4）。[27]顧愷之在畫贊中只提到鎮，不及几案，其實等於說了他在什麼樣的傢俱上用筆。

25　孫曉雲，《書法有法》，頁68-70；何炎泉，〈晉唐法書中的節筆現象與摺紙文化〉，頁10。

26　孫機，《漢代物質文化資料圖說》（增訂本），頁251-255。

27　美國納爾遜美術館藏傳南宋馬遠所作《春遊賦詩圖》或《西園雅集圖》中有在桌上鋪長卷書畫的場景，長卷兩端明顯壓有鎮尺。參揚之水，〈書房：附書房擷趣〉《古詩文名物新證》，頁413-414。此外，臺北故宮博物院藏宋代劉松年《攆茶圖》中也有桌上鋪紙，紙兩端壓有獸形鎮的情形。參本文附圖55和莊天明，《執筆的流變：中國歷代執筆圖像匯考》（南京：鳳教育出版社，2014），頁115，圖13.11。

三 帛、紙書寫，不須依托？

　　且不論繪畫，單說寫字。漢晉時代的人寫字，除了用簡牘或稍後的紙，也常用縑帛。南朝宋齊間的王僧虔曾有《論書》謂東漢大書家蔡邕「用非流紈體素，不妄下筆。」[28]前引虞龢《論書表》曾羅列劉宋秘藏的前世書跡：「鍾繇紙書六百九十七字，張芝縑素及紙書四千八百廿五字，……張昶縑素及紙書四千七十字，毛宏八分縑素書四千五百八十八字，索靖紙書五千七百五十五字，鍾會書五紙四百六十五字」。[29]又謂自己的從祖中書令王珉「有四匹素，自朝操筆，至暮便竟，首尾如一，又無誤字。」[30]虞龢提到漢魏晉書法名家所書，非紙即縑素，全無竹木簡牘；即便古紙較厚，可用手持握，甚至先折疊使硬挺而後書寫，[31]縑素薄軟，恐難不藉牆壁或几案等平面懸掛或鋪展，尤其是寫較大的字或畫較大幅的畫，不如此，幾乎不可能放手揮毫。

　　有些主張無須憑依几案，手持縑帛，懸肘懸腕書寫的學者推測，書家可能在手中持一木板或圓軸條，捲上縑帛，如此就可像手執簡或牘一般地書寫其上。支持此說的證據主要是長沙馬王堆三號漢墓的帛書出土時，有些是捲在兩、三公分寬的木條或木片上。[32]

28　張彥遠輯，洪丕謨點校，《法書要錄》卷一，頁 16。

29　同上，頁 29。

30　同上，頁 16。又沈括《夢溪筆談》（胡道靜校證本，上海古籍出版社，1987），卷十七〈書畫〉謂：「王羲之書，舊傳惟樂毅論乃羲之親書於石，其他皆紙素所傳」（頁 562）亦可參看。

31　何炎泉，〈晉唐法書中的節筆現象與摺紙文化〉，頁 1-48。

32　參孫曉雲，《書法有法》，頁 69；馬怡，〈中國古代書寫方式探源〉，頁 178。也有學者主張絹帛使用前要上膠、打磨，「上膠、打磨後絲織品會變得比較硬挺，就可

用木片條襯在縑帛背後的確是一個支撐縑帛並形成書寫平面的好方法。但捲有木片條的帛書是否就反映了書寫時的狀態，或僅僅是存放於墓中時的狀態，難以判定。即便存放時仍保持著書寫時的狀態，馬王堆墓出土帛書和帛畫很多，如果書畫的方式相同，為什麼只有一小部分捲在木片條上（例如《老子甲本》、《春秋事語》、《戰國縱橫家書》、《五十二病方》、《卻穀食氣方》、《導引圖》、《居葬圖》）？[33]其他多數卻是折疊存放？如果存放時仍保持著書寫時的狀態，那麼不禁要問：折疊存放，數十公分寬的帛書，又是怎麼寫的？以兩三公分寬的木條為支撐，從上到下直書文字，尚可理解，但像《居葬圖》繪有城郭和宮室建築物，其橫向線條常超過三公分，[34]這可能以手持裹帛木片或木條的方式繪製嗎？總之，由存放墓中的狀態推想書寫或繪畫時的狀態，說服力很有限。

長期以來不少人認為古紙較厚，捲或折後即夠硬挺，可拿在手

以如同畫面中捲曲起來握在手中書寫。」參何炎泉，〈北宋的毛筆、桌椅與筆法〉，《故宮學術季刊》31:3（2014），頁70。這些木條的長寬厚至今沒有準確數據公布，參裘錫圭主編，湖南省博物館、復旦大學出土文獻與古文字研究中心編纂，《長沙馬王堆漢墓簡帛集成》（北京：中華書局，2014）。參加整理的張政烺先生說帛書：「原來捲在一塊約三釐米寬的木片上，約十二三周。」見張政烺，〈《春秋事語》解題〉，原載《文物》，1（1977），收入《張政烺文集·文史叢考》（北京：中華書局，2012），頁93。沒有人提及木片長度。

33 《卻穀食氣方》、《導引圖》、《居葬圖》原書寫和畫在同一塊長帛上，原帛長140公分，寬約50公分，後被割裂。參《長沙馬王堆漢墓簡帛集成》（陸），頁15導引圖說明及頁127居葬圖說明。

34 同上《居葬圖》說明提到：「東區庭北繪有一長方墨線方框，縱三十毫米，橫七十四毫米，西區北側繪有兩個墨線方框，一個與東區之方框相連，縱四十七毫米，橫三十八毫米。」（頁128）其他橫向更長的線條還很多，參頁131圖一董珊摹本。

上書寫。漢紙確實較厚，居延漢簡 306.10 曾有「五十一紙重五斤」（圖 5）的清晰紀錄。漢紙一張大小不可考，應不會太大，漢一斤以十六兩計，五十一紙重八十兩，一紙重達一兩半以上，可見相當厚。[35]不少學者早已指出這種較厚較粗的紙，原本恐非用於書寫而是用於包裹。[36]

然而據近年新的考古出土，薄如蠶翼的紙張最遲自西晉以後已經出現，而且用於書畫。2002 年在甘肅玉門花海畢家灘發現十六

---

35 漢代量器比重數值頗有出入，不同時期又各有不同，與今制比值難以準確估計。參丘光明，〈我國古代權衡器簡論〉，《文物》，10（1984），頁 77-82。今取中國歷史博物館藏西漢鐵權一斤（1 斤=16 兩）約等於 245 克的中等數值為準，如此漢代 1.5 兩約等於今 22.9 克。類似的結論也見於較新的研究報告，參李曉岑、郭金龍、王博，〈新疆民豐東漢墓出土古紙研究〉，《文物》，7（2014），頁 94-96；龔德才、楊海豔、李曉岑，〈甘肅敦煌懸泉置紙製作工藝及填料成份研究〉，《文物》，9（2014），頁 85-90。據李曉岑、郭金龍和王博檢測，新疆尼雅出土的東漢紙厚約 0.3 公分，估計紙重約 60 g/m²（一平方公尺重六十克）。這比今天的影印紙厚甚多。今天一張臺灣永豐餘公司所生產 80g/m² 規格的普通再生 A4 影印紙重約 4.96 克，厚僅 0.13 至 0.14 公分。據潘吉星研究，漢紙厚度在 0.2 至 0.29 公分之間，但甘肅武威漢灘坡出土的東漢晚期紙已僅 0.07 公分，魏晉南北朝紙有厚在 0.1 至 1.5 公分之間者，但多數厚 0.07 至 0.09 公分，唐代抄經紙厚約在 0.05 至 0.14 公分之間，再厚的少見。這證明漢末魏晉以後抄紙技術進步，已能造出較薄的紙。參潘吉星，〈談漢灘坡東漢墓出土的麻紙〉，《文物》，1（1977），頁 63；《中國造紙史》（上海：上海人民出版社，2009），頁 161、221。迄今出土漢代殘麻紙面積最大的約 32x20 公分（標本號 79D.M.T.12），厚 0.778 公分，重 123.30 g/m²，伴出簡牘年代屬西漢宣帝元康、甘露年間。中國科學院自然科學史研究所的馬圈灣出土紙鑑定報告明確指出標本 79D.M.T.12「不屬於書寫紙厚度，而屬於紙板之厚度」。見甘肅省文物考古研究所，〈敦煌馬圈灣漢代烽燧遺址發掘報告〉，《敦煌漢簡》（北京：中華書局，1991），頁 63、104。另有標本 79D.M.T. 2 和 79D.M.T. 9 的鑑定數值，因自然科學史研究所和輕工業造紙工業研究所的差異太大，必有誤，暫不取。

36 參冨谷至，劉恒武中譯本，《木簡竹簡述說的古代中國》，頁 7-11。

國時期墓群，其中二十四號墓的棺板上糊有原抄寫著《晉律注》的薄紙。糊紙是利用廢紙密封棺板的縫隙，由於紙太薄，有些地方還糊了不止一層，造成雙層字跡和部分字跡重疊的現象（圖6）。[37]這些紙因薄，棺板乾裂，難以揭取，確實的厚度未經測量。但可以確言它們不是有什麼硬度可言的厚紙。在這樣的紙上，抄寫者順著烏絲欄界，工整地抄寫上律文，部分律文間甚至有小字雙行夾注。這使我聯想起年老的高君孟伏寫律令的身影。即便年輕，即使分次書寫，又有誰能站或端坐著，一手執筆，一手持這般薄紙，不必依托，工整地寫上「五萬二千冊言」（見圖6《晉律注》內容）？

圖5　居延
簡 306.10

圖6　玉門花海畢家灘出土「諸侯律注」局部，甘肅省文物考古研究所王輝提供。

37　參張俊民，〈玉門花海出土的《晉律注》〉，《簡帛研究 2002-2003》（桂林：廣西師範大學出版社，2005），頁 324-325；張俊民、曹旅寧，〈畢家灘《晉律注》相關研究〉，《考古與文物》，6（2010），頁 67-72；曹旅寧，〈玉門花海所出《晉律注》初步研究〉，《秦漢魏晉法制探微》（北京：人民出版社，2013），頁 248-270。

圖 7.1-7.2　玉門官莊子一號墓棺板紙畫，甘肅省文物考古研究所王輝提供。

圖 7.3　作者攝於北京中國國家博物館，2012.4.10。

　　類似的薄紙也見於 2003 年甘肅玉門官莊子出土的西晉晚期至十六國時期的墓葬群。其中一號墓（GYGM1）棺右側板上貼有一幅描繪車馬的紙畫，長 64，寬 23 公分（圖 7.1-7.2）。2012 年，我曾在北京中國國家博物館親見這件已被連棺板截下，裝在木框中的紙畫（圖 7.3），其薄如畢家灘《晉律注》紙。[38]這樣的紙如不放在几案上，有可能捲成卷或摺疊起來拿在手中，用另一手執筆，一無依托地勾勒線條和上彩嗎？畫中車馬有長約 20 公分的橫向線條，這線條如何在捲起的紙上畫出來？稍有書畫經驗，即知不太可能。這張六十餘公分長的薄紙畫，或者先在地、席或平面傢俱上繪成，再黏

38　相關考古報告見甘肅省文物考古研究所，〈甘肅玉門官莊魏晉墓葬發掘簡報〉，《考古與文物》，6（2005），頁 8-13。紙張的厚度未見報導。

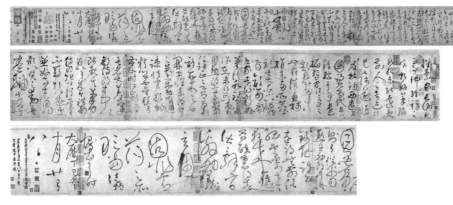

圖 8.1-8.3　懷素〈自敘帖〉全件及首尾局部，臺北國立故宮博物院藏，取材自網路。

貼到棺板上，或者先黏貼到平面的棺板上，再繪製。這兩種可能性
都比一無依托，雙手各持紙、筆而繪要高。

　　過去還有一種看法認為在簡牘時代，書寫字體受限於簡寬，字
一般較小，東漢用紙以後，字體得以變大。再者，在用紙書寫的初
期，很多簡牘時代的習慣仍然延續。例如：紙張仍大小如竹木尺
牘，長一尺左右，在紙上先畫寬一公分餘的烏絲或朱絲欄界，使紙
張彷彿編聯的簡，再在欄界中書寫。如此字體大小可和過去差不
多。不過，長期以來也有人寫大於一般簡牘寬度的大字。例如東漢
鴻都門學的師宜官「能為大字方一丈，小字方寸千言。」[39]蔡邕書
太學石經，石經字遠大於簡上的字。三國魏侍中韋誕善書，受命為
洛陽、鄴和許三座都城的宮觀題銘。宮觀之銘絕非小字。他曾因而
上奏說：「夫工欲善其事，必先利其器。用張芝筆，左伯紙及臣
墨，兼此三具，又得臣手，然後可以呈徑丈之勢，方寸千言。」[40]

39　張彥遠輯，洪丕謨點校，《法書要錄》，卷一，頁 10。

40　《太平御覽》（臺北：臺灣商務印書館，1997 台一版），卷七四七工藝部四引趙岐
　　《三輔決錄》，頁 3448-2。

除了筆墨，他特別提到左伯紙。可見他題署宮觀，應不是直接寫在宮觀的木或石榜上，而是先書較小的字於紙，再按比例轉摹或刻成大字。[41]如果他像傳說中蔡邕寫石經，直接在石上書丹，則完全沒必要提到紙。韋誕的故事不免令我好奇：如何在紙上寫「一丈」或「徑丈」的大字？「徑丈」和「方寸千言」無疑都是修辭，指極大和極小而已。要寫極或較大的字，可想而知，或者寫在當時所能製造的整張紙上，或者將若干張連褙成大幅紙。果如此，似乎只可能將紙懸掛或裱褙於壁，或平鋪於地、席或几案，韋誕幾乎不可能以單手持整幅或折疊的紙，另一手執筆，在了無憑依或承具支撐的狀態下書寫大字。

傳說李白見過以狂草著名的僧人懷素，並曾寫下一首〈草書歌行〉形容這位狂草大師如何書寫：

> 八月九月天氣涼，酒徒辭客滿高堂；
>
> 牋麻素絹排數箱，宣州石硯墨色光；
>
> 吾師醉後倚繩牀，須臾掃盡數千張…
>
> 起來向筆（壁）不停手，一行數字大如斗；
>
> 怳怳如聞神鬼驚，時時只見龍蛇走…
>
> （《李太白文集》，卷七，頁 11 上下）

---

41 王僧虔錄羊欣《采古來能書人名》曾記載「魏明帝起凌雲臺，誤先釘榜而未題，以籠盛誕，轆轤長絙引之，使就榜書之。」榜去地二十五丈，韋誕大懼，因而立家令，戒子孫不可再學楷書（《法書要錄》，卷一，頁 10-11）。此說像許多其他書法家的故事，誇大獵奇，不必為真。王獻之已曾直指「寧有此事？」參見張懷瓘，《書斷》（《法書要錄》，卷八，頁 213）。其謂「先釘榜而未題」乃「誤」，可見一般應是先題寫或刻，然後釘榜。

姑不論李白是否見過懷素，詩是否確出其手，詩句誇大，卻似李白。詩中提到書寫的材料是麻紙和素絹，書寫的姿勢是「倚繩牀」或「起來向筆（壁）」，速度是「須臾掃盡數千張」。[42]繩牀是唐代僧俗都使用，一種藤編的坐具，有大有小，低者七寸，高者兩尺。[43]在前引的〈十八學士圖〉裡，書於几案者所坐的就是一種兩人合坐的大牀。懷素的繩牀大小不可知，詩中也沒提到几案。那麼懷素到底是如何走筆龍蛇的呢？幸好其書法至今仍有跡可循，例如臺北國立故宮博物院藏紙本的〈自敘帖〉（圖 8.1-8.3），雖屬北宋映寫而非真蹟，仍足以一窺原來的大小、筆勢和行款。[44]〈自敘帖〉用筆確如飛龍走蛇，一行僅約三、四至七、八個大字。懷素倚於繩牀，不論醉或不醉，如其牀夠大，置紙於牀上，懸肘懸腕，確實可以快速地狂草如斗大字；如其牀不夠大，則必置絹紙於某種平面或

---

42 「起來向筆」四字見宋本《李太白集》（臺北：臺灣學生書局 1967 影印本）。盧慧紋〈從神機到人文：盛唐到北宋草書之變〉一文（見《故宮學術季刊》28 卷 4 期（2011），頁 1-58）引王琦注《李太白詩集注》作「起來向壁」。「起來向壁」意思較好。古人於壁上書寫十分普通。敦煌詩集殘卷中題馬雲奇作〈懷素師草書歌〉有句：「壁上颼颼風雨飛，行間屹屹龍蛇動」可參。見徐俊纂輯《敦煌詩集殘卷輯考》（北京：中華書局，2000），頁 752。

43 唐義淨，王邦維校注，《南海寄歸內法傳》（北京：中華書局，1995），卷一〈坐食小牀〉條云：「西方僧眾將食之時，必須人人淨洗手足，各各別踞小牀。高可七寸，方纔一尺，藤繩織內，腳圓且輕……座去一肘，互不相觸。未曾見有於大牀上跐坐食者。且如聖制。床量長佛八指。以三倍之，長中人二十四指。當笏尺尺半。東夏諸寺，床高二尺已上。」

44 關於懷素書蹟真偽自宋代以來辯論極多，本文採傅申先生「北宋映寫本」說。所謂映寫本基本上會保持原大、筆勢和行款。參傅申，《書法鑑定：兼懷素〈自敘帖〉臨床診斷》（臺北：典藏藝術家庭，2004）。傅書附有故宮藏原件原寸照片，可見其字跡大小。書蹟真偽問題另可參前引盧慧紋〈從神機到人文：盛唐到北宋草書之變〉一文。

「起來向壁」，懸掛絹紙於壁或直接於壁上揮毫。不論牀或壁，很難想像他不須任何穩定支撐的平面，一手執筆，另手握持寬 28 公分，長 7.55 公尺的紙卷，不假依托地寫出如此大而有力，又通篇布局美妙的草字。或謂可由人手持紙卷兩頭，懷素坐於床上懸肘而書如本文圖 2 所見。唯如此紙卷必因支撐有限而晃動，晃動難免影響運筆，造成筆劃或多或少的變形或扭曲。然細觀〈自敘帖〉卻沒有筆劃變形或扭曲的痕跡。或曰由書者親手握持捲起或摺疊的絹、紙，在稍硬挺的狀態下可以書寫，但捲或摺之後握在手中，必難兼顧行氣和布局，怎有可能寫出〈自敘帖〉這樣的作品？

　　韋誕用紙為宮觀題銘的故事，懷素的狂草大字和李白的詩句迫使我放棄古代只有一種書寫姿勢，以及即使書於縑素或紙，也無須依托承具的看法。

　　唐代可考的書姿最少有二。其一曰「操筆持紙」[45]、「染翰操紙」，[46]或如彥悰〈三藏法師傳序〉所說：「沈吟久之，執紙操翰」，[47]以上都可理解為一手持紙，另一手執筆，無須依托几案。[48]其二如詩人李觀在寫給友人的信中說自己「舒紙染翰，輕陳肝肺」，[49]杜牧在書信中說「提筆伸紙」，或說「舐筆伸紙」；[50]白居易在寫給好友

45　如《唐會要》（上海：上海古籍出版社，1991），卷七五〈翰林院〉陸贄條。

46　如《文選》（上海：上海古籍出版社，1986；臺北：文津出版社，1987），卷十三〈潘安仁秋興賦〉、《全唐文》（北京：中華書局，1987），卷二四一，宋之問，〈三月三日奉使涼宮雨中禊飲序〉。

47　董誥等編，《全唐文》（北京：中華書局，1987），卷九〇五，頁 9442-2。

48　唐人這類描述較早見於朱長文編《墨池編》卷二錄王獻之〈進書訣表〉：「左手持紙，右手持筆」，收入盧輔聖主編，《中國書畫全書》第一冊（上海：上海書畫出版社，1993），頁 222。

49　董誥等編，《全唐文》，卷五三三，〈與睦州獨孤使君論朱利見書〉，頁 5411-2。

50　李昉，《文苑英華》（北京：中華書局，1966），卷六七二，「與浙西盧中郎書」，

元稹的信尾說「夜長無睡，引筆鋪紙，悄然燈前，有念則書」。[51]他們說的「舒」、「伸」或「鋪」和「操」、「執」或「持」應有不同。舒或伸紙指展開紙，鋪紙的「鋪」猶如鋪席的鋪，指鋪放或鋪置。如何鋪或伸？是不是鋪或伸紙於几案之上呢？我沒有直接明確的證據，但白居易鋪紙和燃燈，除了是在某種平面承具或几案之上，能有其他更可能的解釋嗎？再舉一個見於南朝劉敬叔《異苑》的旁證：

> 義熙中劉毅鎮江州……嘗伸紙作書，約部將王亮儲兵作逆。忽風，展紙不得書，毅仰天大詬，風遂吹紙入空。…[52]

如果劉毅當時是以手持或握住紙，即前文說的持、操或執紙，紙應不致那麼輕易地被風吹入空中；他「伸紙作書」又「展紙不得書」，看來是伸展紙於某種平面承具上，忽然風起，沒來得及用鎮鎮住，紙才被風吹走了。

南北朝至唐既然使用(1)執、持、操和(2)伸、展、舒、鋪這兩類意義不同的動詞以描述書寫者和紙的關係狀態，書寫的姿態即會因以手持紙或鋪紙於承具上而有不同。這兩樣姿勢正好和前文提到日本繪卷上所見的兩種書姿相同。可見在使用紙張以後，不論唐或日本，書寫姿勢即已不限於一種。

再舉兩個例子。唐代書法名家徐浩說自己從小工翰墨，「區區碑石之間，矻矻几案之上」。[53]這兩句話的意思，似可指一邊尋石訪

頁 3461-1；卷六九二，「與知己書」，頁 3569-2。

51　白居易，《白氏長慶集》中（臺北：藝文印書館，1971），卷四五，「與元九書」，頁 1104。

52　《漢魏六朝筆記小說大觀》（上海：上海古籍出版社，1999），《異苑》，卷四，頁 630，「劉毅作逆」條。

53　張彥遠輯，洪丕謨點校，《法書要錄》，卷一，頁 16。

圖9　曾國藩書房一角，2015.6.7作者攝於湘鄉曾國藩故居。

碑，一邊於几案上臨摹，但私意以為更可能是指置碑石法帖於几案，就几案而臨摹。因為張彥遠《法書要錄》除曾收錄徐浩〈論書〉，也錄其〈古迹記〉。〈古迹記〉並非記述徐浩如何尋訪碑石，而是條列前賢的書法真蹟或拓本。訪碑之事自南北朝已經開始，但要到宋代金石學大盛才成為風氣。徐浩所謂「區區碑石之間」，應較可能是形容自己認真以各家碑石為法帖，揣摩筆法，「矻矻几案之上」則明明是說他在几案上臨帖。古人習書最常用的一個方法就是臨帖。例如在蕭翼賺蘭亭的故事裡，就有辯才臨帖几案的描述。據何延之《蘭亭記》，僧辯才和蕭翼相熟而出示翼以蘭亭帖之後，「更不復安〔蘭亭〕於梁檻上，并蕭翼二王諸帖，并借留，置於几案之間。辯才時年八十餘，每日於窗下臨學數遍。」[54]

　　「窗下臨學」之語令我聯想到《鹽鐵論》說的「東嚮伏几」。由東向和窗下，不難推想東向或者是為了表示官吏居於尊貴的主位，伏几振筆意味著地位和生死予奪的權力。另一方面，不論是否居尊位或握權，東向和窗下也應該意味著為了臨近較好的光線。辯才年八十餘，不免令我也想到年老伏寫律令的高君孟。他們年老，

54　《法書要錄》，卷三，頁102。

不論是否懸肘懸腕，大概都會放置簡或紙於朝東或臨窗的几案上，利用較好的光線，伏几案而書吧。2015 年 6 月有緣參觀湖南湘鄉曾國藩故居，其書房布置非必當年原狀，但在中國傳統低矮的屋室中，置書桌於窗前自然光線最好的位置（圖 9），以省燭火燈油，無疑是傳統的習慣和智慧，由來必已很久。

四 竹木簡的書寫和几案

擱下縑素和紙，回到秦漢曹魏時代最常用的一般竹木簡冊。古代經常連言圖書，或書中有圖，或圖中有文。這樣兼存的圖文可出現在縑帛之上（例如長沙子彈庫楚帛書），也見於木板（例如天水放馬灘秦地圖），甚至出現在編聯的竹木簡冊上。例如湖北荊州周家臺三十號秦墓出土，由二十六枚竹簡和分由十三枚竹簡構成的式圖（圖10.1-5），[55]雲夢睡虎地秦墓出土日書甲種畫在五枚竹簡上的人子圖（圖 10.6），[56]隨州孔家坡漢墓出土畫在最少十一枚竹簡上的離日圖（圖 10.7），[57]北京大學藏由七枚竹簡構成的西漢占產子圖（圖 10.8）以及由十枚竹簡構成的日廷圖（圖 10.9），[58]稍加觀察即不難發現，繪製的方法都是先將竹或木簡緊密並排，再在其上以墨或朱砂書寫

---

55 湖北省荊州市周梁玉橋遺址博物館編，《關沮秦漢墓簡牘》，頁 44 圖版三十四。

56 睡虎地秦墓整理小組編，《睡虎地秦墓竹簡》（北京：文物出版社，1990），圖版頁 101。本文附圖據之重排。

57 湖北省文物考古研究所、隨州市考古隊編，《隨州孔家坡漢墓簡牘》（北京：文物出版社，2006），圖版頁 78-79。本文附圖據之重排。

58 北京大學藏西漢竹書（部分）《文物》，6（2011）封底裡。

圖 10.1-5　周家臺 30 號秦墓
出土日書式圖及局部放大

圖 10.2

圖 10.3

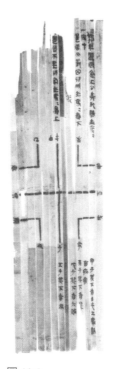

圖 10.4

圖 10.5

圖 10.6　睡虎地秦墓人子圖

圖 10.7　隨州孔家坡漢墓日書離日圖

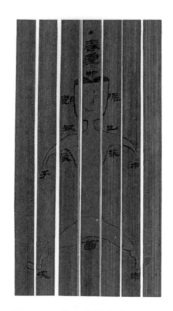

圖 10.8　北大藏簡占產子圖

圖 10.9　北大藏簡日廷圖

或繪出跨越多簡的線條。這些線條不論平直或彎曲，都大致平滑而連續，可見是先書畫，後編聯。[59]如果先編聯，簡與簡之間必因編繩而有縫隙，跨簡的線條和筆劃不免斷續而不夠平滑。周家臺三十號墓的式圖簡上，有些文字筆劃甚至跨越鄰簡（參圖 10.2-3），可以確證書寫時，各簡應是在緊密並排的狀態下。若然，則可斷言這些竹木簡上的線條和文字不可能是在一手執筆，另一手拿著若干未經編聯的簡，在懸空全無依托的狀態下繪畫和書寫。簡必然是先成排並列平鋪在地、席或几案上才有可能。

地面、席或几案三者相較，自然是以平鋪在几案上較為合理。几案儘管低矮，俯身於几案上繪畫寫字，總比俯身於席或地面要舒服省力。話說回來，在地或席上作畫寫字雖較辛苦，地或席卻可以提供較几案為大的空間。唐代紙本《六逸圖》中的筆、硯和紙全置於地面。[60]在敦煌莫高窟一個始建於唐，延續至元代的四六五窟中則可見鋪紙在地面而書畫的景象（圖 11.1）。日本中世繪卷上有不少將紙鋪在榻榻米上作畫的（圖 11.2）。[61]不論利用几案、榻榻米、席、地或牆壁，關鍵是不論書寫或繪畫，尤其是寫較大的字或畫較大的畫，都需要足以舒展和穩定堅實支撐簡、帛或紙的平面。

---

59 周家臺三十號秦墓和隨州孔家坡漢墓發掘報告都認為出土竹簡基本上都是先書寫再編聯。這和本文觀察有圖有文的簡，情況一致。參《關沮秦漢墓簡牘》，頁 155；《隨州孔家坡漢墓簡牘》，頁 31。馬怡也認為這些應是先寫和繪而後編聯。參氏著，〈中國古代書寫方式探源〉，頁 171 注 135。

60 見馬怡，〈從「握卷寫」到「伏紙寫」〉，頁 84 圖 12。

61 例如《法然上人傳》（增上寺本）卷下第四段、《捨遺古德傳繪》（常福寺本）卷第五第三段、《本願寺聖人親鸞傳繪》（康永本）卷第二第四段。以上俱見東京國立博物館，《法然と親鸞：ゆかりの名宝》（東京：東京國立博物館、朝日新聞社，2011），頁 85、89、95。

圖 11.1　莫高窟四六五，窟東壁　圖 11.2　京都西本願寺《慕歸繪》，卷第五，第
南側，《敦煌石窟全集》23，圖　二段局部，《法然と親鸞：ゆかりの名宝》，頁
219。　169、188。

　　綜合評估以上顧愷之作畫用鎮，馬王堆漢墓出土的帛書和帛
畫，官莊子墓棺板上的紙畫和律注，睡虎地、孔家坡和周家臺出土
有圖有文的竹木簡以及《鹽鐵論》賢良所說，似乎就不能不考慮几
案和書寫之間常態性的關係。賢良在辯論鹽鐵時，痛批在上者不
仁，不知在下者的痛苦，因而說「東嚮伏几，振筆如調文者，不知
木索之急，箠楚之痛者也」。原文作「伏几」，伏固然可讀作憑，
指供伏憩或憑依，几應也可供伏而書寫。几的功能不必單一，不宜
看死。[62]所謂「振筆如調文者」，是指那些陷民於水火的刀筆吏或獄
吏。他們玩弄文辭即足以使百姓繫獄，[63]甚至遭受笞打。這如同《漢

62　在河南南陽王莽時代鬱平大尹的墓中畫像石上可以看見將几案當椅子坐的清晰畫
　　面。參凌皆兵、王清建、牛天偉主編，《中國南陽漢畫像石大全》，卷三（鄭州：
　　大象出版社，2015），頁 90、94。另一例見徐州銅山耿集漢畫像石，參孫機，《漢
　　代物質文化資料圖說》，頁 221 圖 55-13、頁 223。

63　按「調文」可參《論衡・對作》：「故衡論者，所以銓輕重之言，立真偽之平，非

書・刑法志》所說「姦吏因緣為市，所欲活則傳生議，所欲陷則予死比」。這些吏在哪兒玩弄文辭呢？據上下文，在几案上「振筆」應較順理成章。振筆几案固可陷百姓於水火，也可濟生民於百世。東漢仲長統《昌言》說：「運籌於几案之前，而所制者乃百代之後」。[64]運籌於几案而後所制訂的，不是影響民生的典制或文書，又是什麼呢？

由於几案和運籌、定策、文書處理或書寫關係密切，到魏晉南北朝時，几案已成為一切文書和行政工作的同義詞。魏晉南北朝文獻中常說某人「有几案才」、「堪為几案之吏」或「兼長几案」；[65]如不屑於某人，則說他「一介刀筆小人，正堪為几案之吏」，[66]「彼刀筆之吏，豈生而察刻哉？起於几案之下，長於官曹之間」，[67]几案和刀筆吏的工作關係密切，因而也有某某人「性好吏職，銳意文案」，[68]「文案盈机，遠近書記日有數千，終日不倦」[69]這樣的說法。

在這樣的脈絡下，如果將几案僅僅看成是文書或放置文書的傢俱，而不在其上處理文書，明顯不合適。如果是處理文案或文書，就不能不展讀、抄寫和批示。由於抄寫和批示，濡墨染翰，時日一久，几案不免為墨所沾污。南朝齊建元時，有位「手不釋卷」的光

苟調文飾辭，為奇偉之觀也。」

64　《文選》，卷五六「陸佐公石闕銘」注引。

65　分見《魏書》，卷十六，〈道武七王傳〉；卷十九，〈景穆十二王傳〉；卷七七，〈羊深傳〉；卷八五，〈邢昕傳〉。

66　《北史》，卷十八，〈景穆十二王傳下〉，「任城王雲」條。

67　王粲《儒吏論》見《藝文類聚》（北京：清華大學出版社，2003），卷五二治政部上、「論政」條，頁1115。。

68　《宋書》，卷六八，〈武二王傳〉，「彭城王義康」條。

69　《晉書》，卷六二，〈劉琨傳〉，「劉輿」條。

祿大夫王逡之「率素，衣裘不澣，机案塵黑。」[70]他的几案日久不清理，不但蒙塵，還污黑；如果几案僅供放置書籍或文書，不在其上書寫，怎會污黑？正由於置紙張、縑素於几案，沾墨書寫，墨稍多即易透過紙素而污及几案。由於置簡牘、縑帛或紙於几案上，坐於其前，或閱讀，或伏身書寫太過平常，一般不會去記述。今人要追索古代日常生活的樣態，有時不得不求之於「机案塵黑」這樣的蛛絲馬跡，有時則要等待考古家的鋤頭。

1983 年湖北省考古研究所發掘了江陵張家山一位西漢小吏的墓。出土遣策上有「伏机」一件，文字清晰。机即几。這座漢初呂后時期墓編號二四七，墓主是一位身分不高的地方小吏。墓中出土竹簡上千枚，內容包括曆譜、律令、奏讞書、《脈書》、《算數書》、兵書《蓋廬》、《引書》，另有遣策簡四十枚。遣策簡 36 清晰地寫著「伏机一梃一」（圖 12.1-2）。梃即梃，一種杖。賜老者几、杖為古禮。這樣的伏几無疑可供憑依或伏而休憩。[71]有趣的是遣策簡 39 記有「筆一有管」，簡 40「研一有子」。[72]研即硯，子疑即墨粒或墨錠；伏

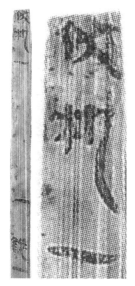

圖 12.1-2　遣策簡 36 局部及放大

70　《南齊書》，卷五二，〈文學傳〉，王逡之條；《南史》，卷二四，〈王裕之傳〉，王准之條。

71　劉洪濤先生曾從文字學角度論證廣西羅泊灣漢墓所出從器志上的憑几即伏几，參氏著，〈釋羅泊灣一號墓從器志的「憑几」〉，《考古與文物》，4（2012），頁 101-103。

72　張家山二四七號漢墓竹簡整理小組，《張家山漢墓竹簡（二四七號墓）》（北京：文物出版社，2001），頁 304。本條承李洪才先生提示，謹謝。

机（几）、筆、墨、硯又無疑是墓主身前為吏必用之物。如果合觀遣策中的伏机、筆、墨、硯以及前引《鹽鐵論》「東嚮伏几，振筆如調文」之語，是否可以說這件伏几可供憑倚，也可供書寫之用？

換言之，几或案或書案不僅用於承托和放置文書典籍，應也用於書寫。王利器《顏氏家訓集解・風操》於「几案盈積」注引吳承仕曰：「今名官中文件簿籍為案卷，或曰案件，或曰檔案，亦有單稱為案者，蓋文書、計帳，皆就几案上作之，後遂以几案為文件之稱。」[73]其說，可從。

五 漢代圖像資料中的几案

即使如此，仍有疑問需要澄清。漢魏以前的几案誠如孫機和馬怡指出，很多既窄小又低矮，是否適於書寫，確實容易啟人疑竇。例如在四川出土的漢代畫像磚上，可見畫中右側低矮的几案上放置著簡冊和筆，唯筆不太能確認（圖13）。畫中左側較小的几案右旁，則放著明確無誤的硯和墨。不能不令人懷疑畫像中的低矮几案，就算是所謂的伏几，是否真適合於憑依或書寫？

大家都知道中國古代繪畫中的人物和器物、建築等等之間的大小比例，並不準確，不能死板看待。在不重比例的漢代畫像中，有沒有畫的特別高或大一些，看起來較便於書寫的几案呢？有。這可

---

[73] 王利器，《顏氏家訓集解》（臺北：明文書局，1982），卷二，頁71。漢代稱文件底稿曰案，可證吳承仕之說。關於底稿為案，詳參邢義田，〈漢代簡牘公文書的正本、副本、草稿和簽署問題〉，《中央研究院歷史語言研究所集刊》，82:4（2011），頁606-607；本書，卷二，頁13-92。

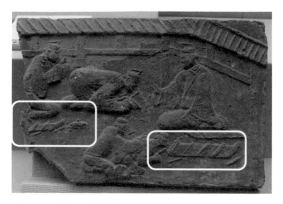

圖13　成都四川省博物館藏漢代畫像磚，2009年施品曲攝。

以內蒙古和林格爾小板申東漢墓所見的官府諸曹壁畫為例（圖14.1-4）。[74]壁畫中各曹之吏對坐在一「T」或「I」字形器物的兩側。這一器物為何？向無解說。我相信就是《鹽鐵論》所說供吏振筆書寫的几案。漢代畫匠石工拙於透視，不善利用平面表現三維立體的物件。他們也不很在意畫面各物件之間的大小比例，往往誇大意欲突顯的主體，而縮小其他。[75]和林格爾壁畫墓的畫工或許為了要描繪諸曹的官吏（畫中有明確榜題「金曹」、「辭曹」、「尉曹」、「左倉曹」、「右倉曹」、「左賊曹」……），才刻意放大了他們刀筆生涯中不可少的几案。畫中曹吏對坐在几案兩側，几案的高度被誇大到幾乎和曹吏的頭部等齊。這是明顯的誇張。在沒有高坐具的漢代，真實的几案不可能這麼高。

　　要理解以上和林格爾墓壁畫諸曹吏間的几案，還有兩點需要進一步澄清：首先，几、案形制原本有別，這從戰國楚墓出土的漆木几和漆木案看得非常清楚；但漢代以及漢代以後几、案雖然都繼續存在，界限有時卻已趨於模糊。《說文》木部說：「案，几屬」。在

74　圖14.1-4採自陳永志、黑田彰編，《和林格爾漢墓壁畫孝子傳圖輯錄》（北京：文物出版社，2009）。

75　漢畫經常誇大主角而縮小配角的形體，本文附圖13即為其例，說者已多，不勞贅述。

圖 14.1　和林格爾小板申壁畫墓前室南壁甬道門東側壁畫局部

圖 14.2　前室南壁甬道門東側壁畫局部

圖 14.3　前室東壁甬道門南側壁畫　14.4 前圖局部放大
局部圖

東漢許慎的認識裡，案屬几之類，並非兩類不同的東西。[76]几案之別在於外形——几身較窄，几面兩端有時高翹或有弧度，案較寬，案面平坦，功能則時見相混。因此文獻有時連言几案（如《昌言》、《顏氏家訓》），有時稱書几，也稱書案。[77]河南安陽曹操墓出土很多刻有陪葬品名稱和數量的石牌，其中有一牌銘即曰：「書案一」（圖15.1）。[78]2015-2016 年在洛陽朱西村曹魏大墓又發掘出約三百件和曹操墓所出十分類似的石牌，其中有「墨漆書案一」（圖15.2）。[79]

可見在眾多几案中，確實有特定功能的書案。東漢樂安相李尤曾有《書案銘》云：「居則致樂，承顏接賓；承卷奏記，通達謁刺；尊上答下，道合仁義。」[80]他的話明白說出了書案的四種功能：

(1) 「居則致樂」是指席地跪坐，肢體或肘臂得以憑依書案，令人覺得舒適愉快。

(2) 「承顏接賓」指憑依書案接見賓客。在漢墓或祠堂畫像中經常見到墓主以憑几或案的姿態接見前來謁見的人。過去一般都將漢畫「謁見圖」中主人翁所憑依的說成是几；據李尤《書案銘》，無疑也可以是書案。

(3) 「承卷奏、記、謁刺」的奏、記是文書，謁刺相當於今天

---

76 孫機已指出這一點，見《漢代物質文化資料圖說（增訂本）》，頁 258。

77 「書几」見南朝梁、陳時代徐陵所作〈廣州刺史歐陽頠德政碑〉（《藝文類聚》，卷五二治政部上，「善政」條，頁 1117）；收入嚴可均輯，《全上古三代秦漢三國六朝文》，全陳文卷十一（京都：中文出版社，1981），頁 3462。

78 河南省文物考古研究所編，《曹操高陵考古發現與研究》（北京：文物出版社，2010），彩版 7；河南省文物考古研究所編，《曹操高陵》（北京：中國社會科學出版社，2017），彩版八八.4。

79 洛陽市文物考古研究院，〈河南洛陽市西朱村曹魏墓葬〉，《考古》，7（2017），頁 71-81。

80 《太平御覽》（臺北：臺灣商務印書館，1997 台一版），卷七一〇「案」條引。

的名片。曾有學者指出山東沂南北寨漢墓畫像石所見的几案上，即放置著三件內盛文件，外有封泥匣的篋、函或箱（圖 16.1-2）；[81]有趣的是同一墓畫像中類似大小高矮寬窄的几案也用於承置食器和鞋履（圖 16.3、17）。[82]可見有些几案或有特定用途，有些則可通用。如前文所說，漢世几案的形制、名稱和功能都不宜看死。[83]

(4) 書案可以「尊上答下」。何謂尊上答下？書案僅為器物，本身自然不可能尊上答下，而是利用書案的人因某些活動而尊上答下。最可能的活動就是官吏在書案上撰寫上行、平行或下行文書，例如《書案銘》中提到的「奏」屬上行，「記」用於平行或下行，不論上下或平行，理想上凡所書寫必須合乎仁義。漢代官吏喜歡在常用的器物上書箴寫銘，時時提醒自己對上對下，一言一行都要合乎仁義道德，也就是「道合仁義」。

此外，南朝梁簡文帝也曾作《書案銘》。其前十句描寫書案之美，接著八句敘述書案之用說：「敬客禮賢，恭思儼束，披古通今，察姦理俗，仁義可安，忠貞自燭。鑒矣勒銘，知微敬勗。」[84]這幾句的旨意與李尤銘相似。「敬客禮賢」即「承顏接賓」；「披古

81　籾山明，〈魏晉樓蘭簡の形態〉，收入富谷至編，《流沙出土の文字資料：樓蘭・尼雅を文書中心に》（京都：京都大學出版會，2001），頁 1135-1160。

82　以上採自蔣英炬主編，《中國畫像石全集 1：山東漢畫像石》（濟南：山東美術出版社，2000），圖 222、224 局部。

83　傳顧愷之所作「女史箴圖」上有一段描繪一男子垂足坐於牀前曲足長案（桯）上，像坐在椅子上一樣，即為一例。又如馬怡考證湖北江陵鳳凰山一六八號西漢墓所出 T 形器可能即遣冊中所說的「坐案」；果如此，則所謂的案，也可以用來指稱坐器。詳見下文。

84　《藝文類聚》，卷六九服飾部上，「案」條，頁 1211。

圖 15.1　　　圖 15.2　　　圖 16.1　　　16.2 局部（一）

16.3 局部（二）　　　　　　圖 17

通今」指閱讀典籍文書，「察姦理俗」和「尊上答下」相類，處理
行政庶務勢必閱讀相關文書，也不能不動筆墨，上下行文。總之，
書案銘所描述的書案功能多樣，在漢至南北朝士人眼中，明顯不會
是僅僅供放置或承托奏、記、謁刺等等的小書案或所謂的「奏
案」。過去討論書寫姿勢的學者似乎都有意無意地疏忽了這兩件書
案銘。

　　再來看一看漢畫中的几案。前引四川畫像磚上的案特別低矮，
和林格爾墓壁畫中那些几案則幾與兩側坐姿曹吏的頭部等高，又無
疑誇大了案的高度。唯從山東沂南北寨漢墓石刻畫像上几案的曲足
和案面比例看，這些几案高度應較近於實際。

　　實際常用的几案或高或矮，矮的僅高數公分至十餘公分；高的
可至 30 公分上下。30 公分上下的几案常見於漢代各種不同的圖像
性資料中。較早的如河北滿城西漢初劉勝墓所出憑几而坐的玉人雕

像（圖 18.1-2），較晚的多見於東漢墓主或西王母壁畫和石刻畫像。畫像中的墓主憑几或案而坐，几案高度約在坐姿墓主的腰腹之際。如坐在這樣高度的几案後，雙腿即可跪或盤在案面之下，雙手既可依憑，也可懸或枕腕於案上，輕鬆書寫或繪畫。這樣的例證不少。例如洛陽新安鐵塔山東漢墓壁畫。畫工為了較清楚地呈現墓主，將通常應置於人物前方或側面供憑依的几或案，畫成看起來像是在人物的後方，而僅露出左右側的几案面和几案足，其高度約在畫中坐姿人物的腰腹（圖 19）。表現類似高度的几案常見於今天山東、河南等地區出土的漢代畫像石（圖 20-24），唯迄今未見有在几案上書畫的。

　　其次，還有一點必須澄清。大家或許會懷疑和林格爾墓壁畫上對坐曹吏之間的傢俱怎麼可能是几案？形狀似乎並不像前文所舉其他的几案。其實這涉及畫面所要呈現傢俱的角度。和林格爾墓壁畫曹吏之間的几案應是表現几案短側的側面，如果表現几案長側的正面，應即為長形，兩側有几足，如同前文提到四川畫像磚和山東沂南北寨漢墓畫像中見到的几案（圖 13、16.1-3、17）。湖南長沙金盆嶺西晉墓所出對坐而書的陶俑二人中間即有一几案（馬怡稱之為書案）（圖 35）。其短側面就與和林格爾墓壁畫曹吏之間所繪的几案相似。對坐兩俑雖一手執筆，一手持牘而書，並沒有伏几。但可以想見，如要伏几案而書寫，應即利用他們之間的几案。他們對坐的姿勢與和林格爾墓壁畫中各曹之吏對坐異曲同功，只是畫壁畫和造陶俑的工匠對几案和人物的大小比例，作了很不相同的呈現。[85]

85　以前有些學者將金盆嶺對坐持筆牘之俑理解為校書俑，我相信他們更可能是一般官府的刀筆吏。這類大量模製的陶俑比較可能反映一般身分的人物，較不可能反映某種特定身分的人或某種特定的工作，除非另有榜題（例如在俑上題寫「郎中」或「畫工」）或另有具體證據。

圖 18.1　採自《滿城漢墓》（廣
州：嶺南美術出版社，2000）。

18.2　採自《滿城漢墓發掘報告》，
頁 140 圖 98。

圖 19　採自黃明蘭、郭引
強編，《洛陽漢墓壁畫》。

圖 20　採自《中國畫像石全集 2》圖 205 局
部（北京：文物出版社，1996）。

圖 21。採自《中國畫像石全集 3》，
圖 147 局部。

圖 22　採自《中國南陽畫像石大全 3》，
頁 132。

圖 23　採自《中國畫像石全集 2》，
圖 94 局部。

圖 24　採自《中國畫像石全集 2》，
圖 96 局部。

六 高及腰腹的漢代几案——實物舉例

　　高及腰腹的几案其實常見於漢代壁畫和石刻畫像，也有頗多實物出土。實物有大有小，有高有低，有些高及腰腹者，應適合於書寫。以下大致依出土先後，列舉十一件為例：

1. 1934-35 年朝鮮古蹟研究會曾刊布平壤出土漢代樂浪太守掾王光墓和南井里彩篋塚（圖 25-27）。王光墓出土的几案共八件，七件被稱為案，高皆僅十餘公分，另一件稱為曲足漆几，長約 114 公分，寬 17，高約 26.3 公分；[86]平壤南井里彩篋塚墓前室出土兩件小案和一件大型漆案。大型漆案長 216 公分，寬 113 公

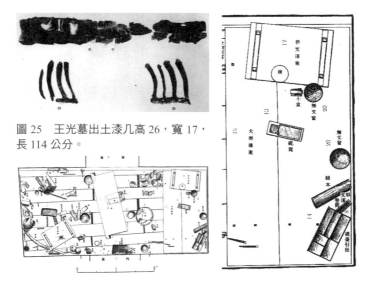

圖 25　王光墓出土漆几高 26，寬 17，長 114 公分。

圖 26.1-2　南井里彩篋塚前室出土物品位置圖及局部放大

86　朝鮮古蹟研究會，《樂浪王光墓》（漢城：朝鮮古蹟研究會，1935），頁 26。

圖 27 　南井里彩篋塚大型漆案復原案，高 36，寬 113，長 216 公分。

分，高 36 公分。[87]值得注意的是塚墓前室中物品已散亂，但大
型漆案出土時，硯匣盒、彩紋漆捲筒、無紋圓奩等器具和一小
型彩紋漆案仍在案面上，案面下壓著案腳和硯蓋等，另一硯台
和有墨書字的木牘散落在案旁。[88]據出土報告，硯面上還存留有
墨的痕跡。這些都意味著大型漆案原本和書寫可能的關係，又
這些曲足几案的寬窄高度比例，和前述沂南北寨漢墓畫像石上
所見（圖 16.1-3、17）相當類似。

2. 1960 年代甘肅武威磨嘴子曾發現西漢至王莽時代漢墓群。其中
屬王莽時期的六十二號墓，出土一件木几，長 117，寬 19，高
26 公分（圖 28）。這一木几值得注意的是表面有明顯的刀切痕，
在几背面有已難通讀內容的隸書字十四行寫在界格中。發掘簡
報疑為木俎，但又指出它不出在墓中置炊具的位置。[89]我猜測如
果不是俎，這些刀切痕不無可能是因以書刀削改簡或製簡不慎
所造成。因為墓主頭戴漆纚籠巾，內罩短耳屋形冠，口含玉

87　朝鮮古蹟研究會，《樂浪彩篋冢》（漢城：朝鮮古蹟研究會，1934），頁 51。

88　朝鮮古蹟研究會，《樂浪彩篋冢》，頁 45-46。

89　甘肅省博物館，〈武威磨嘴子三座漢墓發掘簡報〉，《文物》，12（1972），頁 9-23。

蟬，又有鐵刀、漆製式盤等物隨葬，明顯是一位有一定身分的官吏。木几有無可能就是他身前用來處理文書和書寫的几案呢？

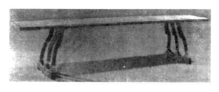

圖 28　武威磨嘴子六十二號漢墓出土木几，高 26，長 117，寬 19 公分。

3. 1975 年湖北江陵鳳凰山一六八號西漢墓曾出土一件彩繪黑漆几，長 81.3，寬 15.7，高 39 公分（圖 29.1）。考古報告謂遣策簡所記「坐案一」，「當指此器」。[90]這件几高達 39 公分，同墓所出 T 形器（編號 168:108），高 15 公分（圖 29.2），[91]正可配合使用者跪坐於几前時，置 T 形器於臀下和雙腳間使用（圖 30.1-2、31、32）。

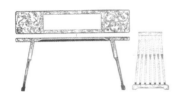

圖 29.1　鳳凰山一六八號漢墓出土彩繪黑漆几高 39，長 81.3，寬 15.7 公分。

圖 29.2　鳳凰山一六八號漢墓出土 168:108 號 T 形器。

90　湖北省文物考古研究所，〈江陵鳳凰山一六八號漢墓〉，《考古學報》，4（1993），頁 480 及圖二八。

91　湖北省文物考古研究所，〈江陵鳳凰山一六八號漢墓〉，《考古學報》，4（1993），頁 480 及圖版七：2。

92　2012-2013 年成都天回鎮老官山西漢墓新出土一件 T 形器，形制與鳳凰山一六八號漢墓以及長沙望城坡西漢漁陽墓所出基本一致，尚待刊佈。參成都文物考古研究所、荊州文物保護中心，〈成都市天回鎮老官山漢墓〉《文物》7（2014），頁 59-70。可惜報導簡略，沒提這件 T 形器。馬怡訪問成都市考古所，攝下壁上所懸出土文物照片。承馬怡惠傳所攝（圖32），謹此申謝。

圖 30.1-2　長沙望城坡西漢漁陽墓出土 T 形器及結構圖

圖 31　T 形器使用示意圖
作者據四川漢畫像磚改繪

圖 32　成都老官山漢墓出[92]

4. 1984 年江蘇揚州儀徵胥浦出土一
〇一號西漢末期墓，墓中有著名
的先令券書簡，也有木俎、木
几。[93]木几已殘，几面有花紋，
兩端各有一排四個長方形卯眼，
几腿曲折，兩端置榫。几面長95

圖 33　儀徵胥浦一〇一號西漢墓出土
殘木几，高 30，長 95，寬 15 公分。

，寬 15，厚 3，通高 30 公分（圖 33）。這一件寬僅 15 公分，高
度達 30 公分，值得注意。如果盤或跪坐時，20 餘至 30 餘公分

93　揚州博物館，〈江蘇儀徵胥浦 101 號西漢墓〉，《文物》，1（1987），頁 1-19。

約為坐者腰腹的高度，適合於手肘憑依其上。[94]

5. 1988 年在河南淮陽北關發掘到規模宏大的多室磚石墓，墓主可能是東漢中晚期的安壽亭侯劉崇。[95]墓中出土一件保存完整的雕紋曲足石几，長 61，寬 19.5，高 34 公分（圖 34.1-2）。這一件几面有弧度，看來比較像憑几，但高度仍值得參考。

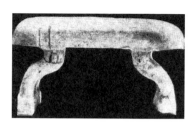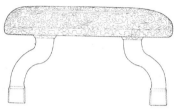

圖 34.1-2　淮陽北關一號漢墓出土石几，高 34，長 61，寬 19.5 公分。

6. 1996 年安徽省文物考古研究所在巢湖市東郊放王崗清理了一座大型西漢豎穴土坑木槨墓，出土器物極為豐富。其中精美獸紋漆案達八件，高不過 9 至 18 公分。但在外槨南邊廂另出土了一件原已散架，髹黑漆，素面無紋，由面板、足和底板構成的几（圖 35）。面板由三片木板組成，長 156 公分，寬 56 公分，厚 2 公分，底板大小相若、唯寬僅 38 公分，足通高達 45.2 公分。[96]

94　2000 年北京石景山區老山漢墓也曾出土大漆案兩件，案面甚大，一長 238，寬 100，厚 2.5，另一件長 230，寬 50，厚 2 公分，可惜是否發現案腳，腳長多少，都未見報導。若與前引南井里彩篋塚所出長寬相似的大案比較，案腳長度估計應也在 30 公分上下。老山漢墓發掘報導見《考古學年鑑（2001）》（北京：文物出版社，2002），頁 104-105；其中一件漆案照片見：http://www.yododo.com/area/guide/014C67C81647005DFF8080814C6789A9（2015.7.30 檢索）。

95　周口地區文物工作隊、淮陽縣博物館，〈河南淮陽北關一號漢墓發掘簡報〉，《文物》，4（1991），頁 34-46。

96　安徽省文物考古研究所、巢湖市文物管理所編，《巢湖漢墓》（北京：文物出版社，

7. 1991 至 97 年安徽省文物考古研究所在安徽天長市天長鎮祝澗村北共搶救發掘和清理了二十七座自戰國晚期至西漢末的墓葬。[97] 其中多座墓出土了大致完整或殘缺的漆案，較完整的見於一號墓，M1:296 漆案殘高 21、長 65.5、寬 42.8，足高 18.2 公分。

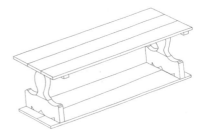

圖 35　巢湖放王崗一號西漢墓出土漆几高 45.2，長 156，寬 46 公分。

M1:297 漆案通高 22.2、長 58.2、寬 41，足高 18.2 公分（圖 36.1-4）。其他如一號和十二號墓還出土了較高的几案三連或四連支足（原書彩版三五、三六），原几案高度應也在二十餘公分左右。

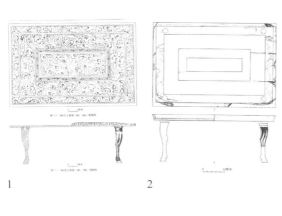

3
殘高 21、長 65.5、寬 42.8 公分

1　　　　　　　　2

4
通高 22.2、長 58.2、寬 41 公分

圖 36.1-4　（左）M1:296（右）M1:297 線描及彩圖，取自《天長三角圩墓地》，圖 31、32、彩版 29。

2007），頁 67-69，圖四八。

97　安徽省文物考古研究所編，《天長三角圩墓地》（北京：科學出版社，2013）。

8. 最後還必須介紹一件湖南馬王堆西漢三號墓出土的同時具有長短足的龍紋漆几。此几面長 140 餘公分，寬 30 餘公分，有柵欄式固定短足，也有可用木梢收放的長足，短足長 16 公分，長足長 40.5 公分（圖 37.1），據研究或即遣策簡 277 所說的「漆畫木變机（几）一」。[98]此几可隨需要而變化高矮，清楚證明一几

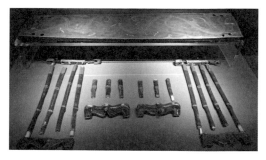

圖 37.1 龍紋長短足漆几長足 40.5 公分短足 16 公分，2018.7.28 邢本寧攝於湖南省博物館。

圖 37.2 龍紋長短足漆几復原圖，《中國考古文物之美 8》，1994。

可多用，古人一點也不死板（圖 37.2）。[99]

9. 2020 年《考古》第 2 期刊佈湖北荊州胡家草場西漢初 12 號墓出土漆木几。有如下相關報導：

「木胎，器表髹黑漆。几面平面呈長方形，中間略薄，兩端略厚，兩端各置四個穿卯，卯眼長 2、寬 0.6 厘米。足部殘斷，可復原，由腿和足座組成。兩端各有四條弧形腿，有子榫與足座

98 鄭曙斌等編，《湖南出土簡牘選編》（長沙：嶽麓書社，2013），頁 223。

99 聶菲，〈從湖南西漢貴族墓出土漆器審度漢初漆器功能工藝的傳承與變異——兼論湖南漢初漆器產地問題〉，《湖南省博物館館刊》第一輯（長沙：嶽麓書社，2004）。

相連。足座略呈『M』形，上下均有弧形裝飾。几面長約 67、寬 14、厚 1.8～2.2 釐米，通高約 26 釐米。」[100]

圖 38.1　《考古》第 2 期（2020）頁 14

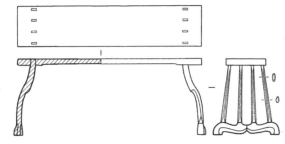

圖 38.2　《考古》第 2 期（2020）頁 13
通高 26，寬 14，長約 67 公分

　　以上九例十一件几案，最矮者約 22 公分，最高者 45 公分，平均高約 31、32 公分。這樣約及腰腹的高度既適合憑依休憩，也十分適合手肘憑靠而書寫。南井里彩篋塚和巢湖放王崗漢墓出土的几案，不但高，還特別寬大，實不像所謂的憑几或僅供放置物品。南井里者在案面和周邊甚至有牘、硯等，說它們是書案，似乎更為合適。

---

100 荊州博物館，〈湖北荊州市胡家草場墓地 M12 發掘簡報〉，《考古》2（2020），頁 3-20。

七 中國兩晉至五代與日本中世几案舉例

　　類似大小和高度的几案又見於兩晉至隋、唐、五代的壁畫、捲軸畫以及明器。較早的一件是湖南長沙金盆嶺西晉永寧二年（302）墓出土的對坐陶俑（圖37）。[101]對坐者之間有一小案。其次，南京幕府山東晉三號墓出土一件長119，寬32，高22公分的泥質灰陶案（圖38）。這雖是一件明器，無疑大致依據實物大小仿製。[102]北齊□道貴墓（圖39）和隋代徐敏行墓壁畫（圖40）中的主人翁都清楚地坐於几後，手肘憑依在几面上，而几的高度都約在腰腹處。湖南岳陽桃花山唐墓出土陶製柵足几明器（圖41）雖然也是一件明器，具體大小未見報導，其長寬高比例卻十分寫實，可和據傳為唐王維所作「伏生授經圖」和傳為五代衛賢所繪的「高士圖」比較（圖42.1-2）。圖中的伏生以雙肘憑靠在几案上，手持紙卷，雖沒有書寫，但案上有清楚的筆墨硯，似乎意味著書寫後，正憑几檢視所書。高士則盤坐在高可齊腰的柵足几案前，正俯身閱讀几案上的文卷。有趣的是這些具有柵欄式足，高約與坐者腰腹平齊的几案，也見於日本正倉院藏几和日本寺院常見的《聖德太子繪傳》等繪卷上。

　　日本正倉院各倉藏有大小高矮不等的几案二十餘件，其中一件卅足几面長97.7，寬53，高89.8公分，甚至高過坐者的腰腹，因几足有銘，得知是用於放置椿杖，並不用於書寫（圖45）。[103]不過

---

101 出土報告見高至喜，〈長沙兩晉南北朝隋墓發掘報告〉，《考古學報》，3（1959），頁75-105。

102 南京市博物館，〈南京幕府山東晉墓〉，《文物》，8（1990），頁41-48。

103 光森正士編，《正倉院寶物にみる佛具・儀式具》（京都：紫紅社，1993），頁135圖109、頁200。

圖 39 湖南金盆嶺西
晉墓出土陶俑　鶴間
和幸監修,《世界四
大文明展:中國文明
展》圖錄(東京:
NHK,2002)。

圖 40　南京幕府山東晉墓陶
案,《文物》8(1990)。

圖 41　山東濟南馬
家莊北齊□道貴墓
壁畫　臨朐縣博物
館,《北齊崔芬壁畫
墓》(北京:文物出
版社,2002)。

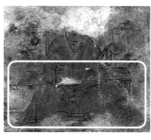

圖 42　山東嘉祥隋代徐敏行墓壁畫
局部採自賀西林、李清泉,《中國墓室
壁畫史》(高等教育出版社,2009)。

圖 43　湖南岳陽桃花山唐墓出土柵足
几陶明器,《文物》11(2006)。

圖 44.1　傳王維作伏生授經圖,
日本大阪市立美術館藏,採自網
路。

圖 44.2　傳五代衛賢,《高士圖》
局部,北京故宮博物院藏,採自
網路。

圖 45 日本正倉院藏卅足几，採自《正倉院寶物にみる佛具・儀式具》。

圖 46 日本正倉院藏榻足几，採自《正倉院寶物 中倉》。

圖 47 利用正倉院藏傢俱想像復原的聖武天皇書房陳設，2012 作者攝於奈良平城宮跡資料館。

也有較低矮，所謂的榻足几，長106.5，寬 54.5，高 29.8 公分（圖46）。[104]類似高度的几案在例如聖德太子「勝鬘經講讚圖」中所見，其上有攤開的佛經，這類几案明顯用於閱讀，也可用於書寫（圖 47-48）。[105]2012 年我到奈良平城宮跡資料館參觀時，展廳中正播放著影片，呈現奈良時代的官吏如何坐在椅子上，將木簡文書移寫到鋪於几或桌面的紙上去（圖 49.1）。同一年我在最早出土日本木簡的秋田仏田柵遺址，曾看見日本學者想像八世紀的官吏如何在几案上放置簡牘，但手執木簡和筆，端坐而書寫（圖49.2）。誠如馬場基教授所說，在

104 正倉院事務所，《正倉院寶物中倉》（東京：朝日新聞社，1988），圖160；解說，頁 50-51。
105 大阪市立美術館編，《聖德太子信仰の美術》（大阪：東方出版社，1996），頁 135 圖 109、頁 200。此書收錄大量有關聖德太子的各種畫像和造像，布局大同小異，依據類似粉本的聖德太子勝鬘經講讚圖。

圖 48　鎌倉時代紙本《聖德太子勝鬘經講讚圖》局部，東京國立博物館藏。

圖 49.1　作者攝自平城宮跡資料館播放中的影片。

圖 49.2 作者攝於秋田縣埋藏文化財中心

圖 50　《法然上人行狀畫圖》，馬場基提供。

圖 51.1　《稚兒觀音緣起》，馬場基提供。

圖 51.2　前圖 49.1 局部放大

簡紙並用時代的日本，應有最少兩種不同的書寫姿勢。從《法然上人行狀畫圖》和《稚兒觀音緣起》繪卷上可以清楚看見俯身枕腕書寫者所憑依的几案多高及盤坐者的腰腹（圖 50、51.1-2），和中國唐五代以前的几案極其類似。

在這樣高度的几案前席地俯身書寫，不論懸腕、懸肘或枕腕，顯然都可行；几案如果更高，就須要像椅子之類的高腳坐具了（圖 47.1）。至於唐代壁畫中的「伏紙寫」，馬怡徵引已詳，這裡就不再重複。[106]此外我注意到《稚兒觀音緣起》繪卷上的兩位僧人正伏在几案上書寫長條狀的簡，几案上另有成捲，狀似有兩道編繩的簡冊（圖 49）。[107]中國古代簡牘如何書寫，日本這兩位僧人的書姿不無啟發性。

八 不同視角下的反思

儘管以上對古代使用簡牘時代的書寫姿勢作了討論，找了一些文獻和圖像的證據，指出几案應曾是供伏身而書，鋪放簡、紙、帛等書材的承具，仍不易解釋為何迄今中土傳世或出土圖像資料中就是找不到伏几案而書的踪影。如果說這是因為太過平常，而沒有被記述或描繪，為什麼畫中所見偏偏都是站立或端坐，手執筆紙或簡牘而書，不用几案？難道這些就不是平常的書寫姿勢嗎？

---

106 馬怡，〈從「握卷寫」到「伏紙寫」──圖像所見中國古人的書寫姿勢及其變遷〉，頁 84-85。
107 據籾山明教授電郵（2019.3.6）告知，日本僧人抄經，未免於混亂，會先將寫好的臨時繫在一起，並不真正編聯成冊。

站立或端坐手持紙筆而書，當然是常見的姿態，毋庸置疑。本文無意否定前賢的看法，僅僅想要補充並強調：此外還有更為普遍，伏几案而書的，甚至存在著其他姿勢，只是不見、少見或晚見於文獻或圖像資料而已。討論古代書寫姿勢這類問題，一般受限於可考見的資料。據可考者論說，所謂有一分證據，說一分話；沒證據，不說話，無疑是論證應守的原則。可是我想強調研究日常生活中平淡無奇的事物，常容易被一些因為異常而特別記錄下來的特例所誤導，誤以為特例為常態，實際情況常較特例複雜且多樣，我們的思慮不應被可考的特例所局限。這麼說，自然要冒「言而無據」的危險，可是研究歷史常常也必須依據對全局合理的想像，去推定那些無跡可求的部分。依常理應可想像：任何時代大概都不會僅僅存在一種書寫姿勢，又簡單地從一種過渡或轉變成另一種吧。

　　以下仍然要回答：為什麼不見伏几案而書的相關圖像？我必須承認目前沒有直接證據，也沒有完美確切的答案，僅能從「滯後」、「圖像格套」和「禮制」等方面作些推想。馬怡和馬場基的論文其實都已啟發了我推想的方向。

　　第一，兩漢傳世文獻雖然提到刀筆吏「伏几振筆」，高君孟「自伏寫書」，出土文獻也有「伏机」和「書案」，可是石匠和畫工往往拘於既定的粉本或格套，不見得會同步反映最平凡日常的「伏几」或「伏寫」的現實。馬怡將這類情況名之為「滯後」，[108]並認為漢末魏晉之世雖有桌、椅（胡床或交椅），桌上書寫的圖畫卻晚到中唐才出現，兼用桌、椅書寫更要晚到宋代才有明確的圖像可

108　馬怡，〈從「握卷寫」到「伏紙寫」——圖像所見中國古人的書寫姿勢及其變遷〉，頁72。

考。[109]馬場基也指出日本八世紀已有桌子，拘於習慣，書寫不見得就利用；即便利用，畫作也不見得會同步反映。單從「滯後」當然並不足以回答前述的問題，但可提醒我們某些圖像傳統或格套恐怕早已建立。

商周之世已書於竹帛，手持筆、簡，跪坐或站立而書是一種禮。在天子、君王之前，諸侯、臣子依禮只能跪或立。君有所命，即跪或站立而書。跪或站立而書到秦漢時代應是一個已有上千年的古老傳統。可惜商周相關的圖像一無可考，圖像表現的某些元素和格套應該早已形成，而為秦漢視覺或圖像藝術所繼承。[110]漢魏之世在視覺或圖像藝術表現上，就傳承而言，至少有三點特徵：

第一，或拘泥於傳世的粉本格套，不在意於反映當世的變化；

第二，或較多反映禮制，較少反映現實，或者說二者交融，而與現實有了一定的距離；

第三，或不分古今，一律「當代化」。

關於第一點，我懷疑漢畫中的書寫姿勢就是一個案例。它延續了一個悠久的粉本傳統，而與變化中的現實有一定程度的脫節或者說滯後。請容我作個大膽猜想：春秋戰國集權官僚體制出現以後，各部門和各級官府的文書工作應曾隨著分層負責，職有專司以及文

---

109 如果大英博物館藏五代時期的敦煌絹畫「地藏十王圖」的斷代可靠，則兼用桌椅書寫的圖證可提前至少到五代。圖中左側十王有明確坐於桌後椅上，持筆在平鋪於桌面的紙上書寫的景像。法國國家圖書館藏敦煌出土五代地獄十王經變圖也有類似場景。參莊天明，《執筆的流變：中國歷代執筆圖像匯考》，頁 100-102，圖 12.8、12.9。

110 其例可參拙文論射爵射侯圖和胡人形象的戰國淵源，參〈漢代畫像中的「射爵射侯圖」〉、〈古代中國及歐亞文獻、圖像與考古資料中的「胡人」外貌〉，收入邢義田，《畫為心聲》，頁 186-190、197-314。

書行政的細密化而增加。根據近年不斷出土的戰國和秦漢地方行政文書簡牘，我們已明確知道最少從西元前四、三世紀開始到西元後四、五世紀，楚、秦、漢、三國吳、西晉等各級地方政府日常行政規範之細，文書量之大，十分驚人。包山楚簡、雲夢和里耶秦簡、湖北江陵張家山、內蒙居延、甘肅敦煌等漢簡和湖南長沙走馬樓、東牌樓兩漢、三國吳簡、新疆尼雅和樓蘭出土的漢晉文書簡、湖南郴州晉簡都是最好的證明。刀筆吏處理大量文書，如果坐或站著一手執筆，一手持簡，懸肘懸腕，一無依托，就算習慣成自然，時間一久，即易疲勞和不適。如何減輕疲勞和不適，以較省力的姿勢或借助可省力的傢俱處理文書，恐屬人情之常和必然之事。

例如減輕跪坐不適的傢俱就曾經存在。前文提到的 T 形坐器或坐案（參圖 30.1-2、31、32）在湖南、山東、四川和湖北等地的西漢墓葬中都曾出土。跪坐時可置 T 形坐器或坐案於臀下，以減少臀部對腳根的壓力。[111]坐或站著手執筆和簡，一無依托的姿勢實不如置簡、紙或帛於几案之上，俯身就几案或手肘憑於几案而書來得省力舒適。力主晉代以前無伏案而書的書法家賴非先生在討論沂南北寨東漢畫像石上的几案時也不得不說：「山東沂南畫像中刻畫著一張几案，几案前放著一條圓凳。從几案長寬高的比例和圓凳的形體關係來看，用來伏案書寫肯定方便多了。」[112]因此，書寫姿勢和所用的傢俱在戰國到漢代的幾百年裡，很可能悄悄有了變化，可惜傳世文獻吝於記述日常瑣細，一無記載罷了。

---

111 日本至今還在使用這種 T 形坐器，名為「正座椅子」。今天如何使用正座椅子，詳見馬怡，〈中國古代書寫方式探源〉，頁 154 及注 36。或以「正座椅子」為關鍵字，上網搜索即得。

112 見前引〈家具變革引起了漢字字體的改變〉，《賴非美術考古文集》，頁 23。

戰國墓出土了大量竹簡和帛書，也曾出土不少几、案，其功能應曾多種多樣。几、案或高或矮，形制不一，其中很多被認為是食案或祭案。過去大家比較注意案和食器或祭器的關係，[113]是不是也應考慮在現實生活中，案和簡帛書寫可能存在的關係？湖北荊門包山二號楚墓屬楚懷王前期，出土有矮足案和高足案。高足案有四件，其中兩件面板長 80，寬 39.6-40，通高 46 公分；據研究，它們是遣策中所記的「一糈梮，一割梮」。另兩件，面板長 117.6-118，寬 40.8-41.2，通高 49.6 公分；據研究，它們或可和遣策所記的「二祈」對應。[114]湖北棗陽九連墩戰國中晚期貴族大墓曾出土兩件漆木案：一件高 27.4，長 65.6，寬 35.2 公分（圖 52.1），另一件高 26，長 65.4，寬 36 公分（圖 52.2）。湖北隨縣屬戰國早期的曾侯乙墓，曾出土一件高 44.5，長 137.5，寬 53.8 公分的彩繪雕紋漆木案（圖 53）。以上這些案依據遣策，全是供放置或處理祭品。又據學者考證，遣策所列如「糈梮」、「割梮」指的是屠割犧牲的梮或几。[115]如

---

113 例如王紅星分析包山二號楚墓漆器，依遣策分為食器、行器、葬車所載之器、祭器。胡雅麗解讀遣策，將本文提到的高足案，歸之於葬祭之器。參王紅星，〈包山二號楚墓漆器群研究〉，收入湖北省荊沙鐵路考古隊，《包山楚墓》上（北京：文物出版社，1991），頁 488-500；胡雅麗，〈包山二號楚墓遣策初步研究〉，同上，頁 508-520。唯有童瑞雪和傅玥指出楚墓所出高足案也有可能供書寫。參童瑞雪、傅玥，〈戰國楚墓出土漆木案的初步研究〉，《楚學論叢》，第六輯（武漢：湖北人民出版社，2017），頁 277-299。童、傅一文承唐俊峰先生提示，謹謝。

114 湖北省荊沙鐵路考古隊，《包山楚墓》上，頁 125；胡雅麗，〈包山二號楚墓遣策初步研究〉，頁 512-513。

115 湖北省荊沙鐵路考古隊，《包山楚簡》，頁 64 注 596、598。某些也可能涉及特定的用途，如「割梮」，頁 64 注 599、「祈（胏）」參前引胡雅麗，〈包山二號楚墓遣策初步研究〉，頁 512-513。本文在遣策名物的考證上，從李家浩先生意見，參氏著，〈包山 266 號簡所記木器研究〉，《著名中年語言學者自選集：李家浩卷》（合肥：安徽教育出版社，2002），頁 222-229。

圖 52.1　採自《九連墩：長江中游的楚
國貴族大墓》（北京：文物出版社，
2007），高 27.4，長 65.6，寬 35.2 公
分。

圖 52.2　採自《九連墩：長江中游的楚
國貴族大墓》，高 26，長 65.4，寬 36
公分。

圖 53　採自《曾侯乙墓：戰國早期的禮樂
文明》（北京：文物出版社，2007），高
44.5，長 137.5，寬 53.8 公分。

圖 54.1-2　拱形足几及結構圖採自《包山楚墓》圖版 39.5 及頁 131，通高
33.6，長 80.6，寬 22.4 公分。

以它們高近三十至四十餘公分，長六十至一百餘公分，寬三十餘至五十餘公分的大小而論，和前引沂南北寨漢墓畫像中放置文書篋的案，在外形上頗為相近，只有曲或直足之別。這些戰國楚墓中的案如非因置於墓中承放祭品食器，在日常生活中當書案用，放置簡、帛或用於書寫，應也完全合適。包山二號墓中還曾出土一件拱形足几，長 80.6，寬 22.4，通高 33.6 公分（圖 54.1-2），有趣的是它和二百二十餘枚司法文書竹簡和銅刻刀同出二號墓北室。[116]不論稱之為几或案，這些傢俱和文書簡、銅質刻刀之間的關係，很值得大家進一步去思索。[117]

適合書寫的高足案在戰國時代已經存在，但這並不表示當時的官吏已普遍在几案上書寫。伏几案而書一開始很可能被認為有損威儀，不合禮制，尤其在公開儀式性的場合。

商周以來，統治貴族一言一行，一坐一立，都講究禮。前文說過，站或坐著手持筆簡而書，應是老傳統，也才合於禮。[118]這種有身分意義的禮常常極其頑固，為了身分禮制，有時並不那麼考慮實際上的快速、省力、舒適或方便。以書寫而言，西漢即已出現便捷的草書並日趨流行。過了幾百年，東漢的趙壹仍舊抨擊草書是「依

---

116 湖北省荊沙鐵路考古隊，《包山楚墓》上，頁 94 圖五四、頁 130-131。

117 這一點承來國龍兄提示，謹誌謝忱。1957 年在信陽長臺關楚墓中曾出土書寫品工具箱，箱中有毛筆、筆套、青銅削刀、銅鋸、小銼、刻刀和錐等，也可供參考。詳見河南省文物考古研究所，《信陽楚墓》（北京：文物出版社，1986），頁 64-67。

118 關於商周以來的坐姿和禮的關係可參朱大渭，〈中古漢人由跪坐到垂腳高坐〉，《中國史研究》，4（1994），頁 102-114；馬怡，〈中國古代書寫方式探源〉，頁 151-153。

正道於邪說，儕雅樂於鄭聲」，「非聖人之業」，「非常儀也」。[119]漢末魏晉桌椅已然出現，但到南北朝，甚至唐代仍有人認為「危坐於牀」才合乎禮，垂足而坐則慢於禮。[120]由此可知，伏几案而書要由不合禮變成合禮，從異常、不可接受變成見怪不怪或被視為正常，很可能也經歷了一個長達幾百年的過程。果如此，不合禮或異常的書寫姿勢就不易出現在需要表現「禮」的圖像中。漢代墓葬和祠堂畫像要公開展示，又因遵循傳統，即使描繪曹吏對坐於几案兩側，也要塑造他們合禮恭謹地一手執筆，一手持簡牘，或僅僅端坐的樣子，不容他們因俯身几案而失禮。

　　關於第二點較多反映禮制，較少反映現實，先舉一個較明顯的例證。漢代士大夫或君臣之間相見，並不以羔羊、雉或雁為贄禮，但漢代畫像描繪孔子見老子，孔子手中卻捧著雁或雉，老子手上持著杖，這反映的與其說是現實，不如說更多反映了經書所認可的禮

---

119 張彥遠輯，洪丕謨點校，《法書要錄》，卷一，頁1。

120 垂足高坐最早的例子見於孫機所舉徐州銅山耿集漢畫像石上一人持刀垂足坐於几上，孫先生已指出這「是一種無禮的姿勢」。參孫機，《漢代物質文化資料圖說（增訂本）》，頁252附圖55-13、頁254。南北朝時鮮卑化羯人侯景「著靴垂腳坐」（《梁書·侯景傳》）和他不合宜的衣裝都曾遭到隋唐修史者姚察、姚思廉父子的嘲諷。《舊唐書·酷吏傳》敬羽條曾有這樣一個故事：「上元中，〔羽〕擢為御史中丞。太子少傅、宗正卿、鄭國公李遵，為宗子通事舍人李若冰告其贓私，詔羽按之。羽延遵，各危坐於小牀，羽小瘦，遵豐碩，頃間問即倒。請垂足，羽曰：『尚書下獄是囚，羽禮延坐，何得慢耶？』遵絕倒者數四。」其餘例子可參朱大渭，〈中古漢人由跪坐到垂腳高坐〉，頁103；孫機，《中國古代物質文化》（北京：中華書局，2015），頁164-165。日本一直到今天仍稱跪坐為正坐，稱垂足坐為胡坐。19世紀（約1805）描寫日本橋街市勝景的繪卷「熙代勝覽」中出現所謂的胡坐店，店中有人垂足而坐。2018年10月在北京首都博物館參觀時，在一場介紹日本文化的特展中見到複製件。原件今藏柏林亞洲藝術博物館。

制。今天能看到的秦漢圖像資料主要來自墓葬陶、漆、銅製明器或墓室和祠堂畫像石刻、畫像磚或壁畫。它們的一項共通特色都在於表現理想中的禮，而不在於寫實或全然呈現現實。也就是說，墓葬和祠堂在古代基本上都是禮制建築，其裝飾往往摻合了理想和禮制，而與現實生活有了一定的距離。巫鴻先生研究漢代墓葬美術，曾總名之為禮儀美術（ritual art）。[121]其說很有道理。

　　中國古代禮儀美術要求的一個重點是合禮和合乎典型或典範，是不是合乎現實，反在其次。傳為晉代顧愷之所畫的〈女史箴圖〉無關乎墓葬和祠堂，但如同大家所知，全圖內容以勸戒為目的，有極強烈的道德禮教意涵。這樣的歷史故事圖明顯較多地反映了被認可的禮教或典範，而不在於反映現實。其中站立執紙筆書寫的女子，右側榜題「女史司箴敢告庶姬」。「敢告」是秦漢以降，平行或上對下級單位行文的禮貌用語；[122]司箴的女史為示恭敬有禮，才站著為眾姬書寫箴言。這樣的姿態已見於漢畫。誠如馬怡指出，漢代畫像中手持牘和筆的一般不是墓主，而是隨侍的屬吏。他們躬身站立或跪坐，像是在聽從口授，用筆在簡上作著紀錄。依古代君臣之禮，為臣者朝見君王必須手持笏板，凡蒙君命或有所啟奏，都要書寫在笏板上。不論在哪種情況下書寫，只能跪或站著手持板牘和筆。漢代主官與屬吏之間義同君臣，因此畫中那些墓主身旁唯命唯謹的屬吏或掾史，一般只能站著、端坐或持笏板俯身謁拜，不容許如同畫像中的主人翁一樣憑依几案而坐。

---

121 巫鴻，《禮儀中的美術》（北京：三聯書店，2005）。

122 這類例子在傳世和出土文獻中都有，參黃暉，《論衡校釋·謝短》；沈剛，《居延漢簡語詞匯釋》（北京：科學出版社，2008），頁241。

第三點所謂的「當代化」，是指不顧時代先後和變化，依當代的樣子去想像和描繪前代的人事物，這和第一點「固守粉本格套」正好相反。當代化和死守粉本格套都會造成今古不分的結果。漢代畫像描繪孔子見老子，雖依禮制恃杖或執雁，他們兩人的衣著卻如同漢世儒生，一律身穿深衣，頭戴進賢冠。這不能不說是衣冠的「漢化」或「當代化」。漢代畫匠石工筆下的古聖先賢和當代人物的外觀幾乎沒有兩樣，不同時代的人物也習慣成自然地同時出現在同一幅畫面上。這種古今無別，無視於時代變化或者說時間凝滯、凍結的情形，確實是漢代視覺或圖像藝術表現的一大特色。魏晉以降，墓葬藝術出現轉變，佛教和其他域外因素加入，可是不少漢世以來的傳統仍在延續，禮制和格套依舊是墓葬藝術表現上的主導力量，因此和現實仍難同步。唐代張彥遠就曾批評自漢世以降到唐代，畫作不能反映衣服、車輿的時代特徵乃「畫之一病」。[123]

反觀現實，秦漢以降諸曹之吏平日在府寺當值，於几案間處理例行公文，恐怕並不那麼拘禮，輕鬆很多。這正如同漢世依禮制，天子百官無不佩劍在身（《晉書‧輿服志》），但實際上許多文吏坐曹治事，並不佩劍，需要謁見主官奏事，表現恭謹和禮節或應主官要求時，才借他人的劍佩上，擺擺樣子。[124]由於傳統史籍偏重「資

---

123 張彥遠《歷代名畫記》卷二：「若論衣服車輿，土風人物，年代各異，南北有殊，觀畫之宜，在乎詳審。只如吳道玄畫仲由，便戴木劍，閻令公畫昭君，已著幃帽，殊不知木劍創於晉代，幃帽興於國朝。舉此凡例，亦畫之一病。且如幅巾傳於漢魏，冪䍦起自齊、隋，襆頭始於周朝，巾子創於武德，胡服靴衫，豈可輒施於古象……詳辯古今之物，商較土風之宜，指事繪形，可驗時代。」在張彥遠眼中，一直到唐代，繪畫仍有時代不分，古今不辨之弊。

124 《史記‧張丞相列傳》傳末有褚先生所補的一段魏丞相的故事：「魏丞相者……其人好武，皆令諸吏帶劍，帶劍前奏事。有不帶劍者，當入奏事，至乃借劍而敢

治」、樹立典範和提供道德教訓，無意在日常生活上多所著墨，因此極少描述日常私下生活瑣細的常態。史籍偶然提到文吏日常不佩劍，已屬難能。資料雖少，由此或可推想，憑藉几案處理和書寫公文，應該才是刀筆吏日常的工作景像。圖像中所見，反而是畫工、石匠固守粉本，表現理想上官吏合乎禮或合乎典範的樣子。

換一個角度看也是公私之別。凡出現在公領域的例如在朝堂之上，府寺之中或祠堂、陵園等公開的場合，一切須符合禮制；凡出現在私領域的例如平日生活或日常在曹署工作則不一定完全為禮制所拘，才能較為輕鬆隨意。書寫姿勢即可因時間和空間的公私而有不同。我們所能看見的材料多屬公領域而我們好奇追問的多屬私領域。僅根據公領域存在的材料探求私領域的狀態就很可能出現偏差，而私領域的狀態才是潛伏在歷史表面下巨大且真實的另一種存在。

即便在公領域，漢晉刀筆吏一般說不上是書法家。他們應不會像清流貴族或文人雅士如王羲之父子之流，那麼講究書法的美和個性，可能較在意於如何方便、舒適、省力和快速地處理大量文書。三國魏晉的竹木簡文書迄今出土已達十餘萬枚，稍稍審視長沙走馬樓出土的三國吳簡或郴州出土的魏晉簡，就可清楚看見當時的刀筆吏在有限的時間內，需要重複抄寫大量格式相同如田家莂、戶口簿之類的文件。這些文件的書法可以說僅屬實用，談不上美和個性。古人說比篆、隸要快速省事的草書，是秦漢刀筆吏為應付大量文書工作而發展出來的一種簡便的書體，實有其理。[125]這和後世文人雅

入奏事。」其詳請參邢義田，〈允文允武：漢代官吏的一種典型〉，《天下一家：皇帝、官僚與社會》（北京：中華書局，2011），頁254-258。

125 趙壹說：「夫草書之興也，其於近古乎？上非天象所垂，下非河洛所吐，中非聖人

士所崇尚和要求的，可以說無以相提並論。

　　在書畫名家之外，刀筆吏作為魏晉以前最常書寫的最大群體，他們的書體和書寫姿勢，以人數言，不能不說代表著主流，以可考的作品數量言（出土的簡牘帛書為主）遠遠超過傳世名家之作，實不應再被今世論書法者所忽視。今天論書法者雖已有很多人將源源而出的簡帛書寫納入論考，但一旦談到過去較少論及的書寫姿勢，又不禁不自覺地受到傳統和少數權威看法的束縛。

　　此外，後世書家論書法，絕大多數以傳世的各種名家「書論」和著名書法家的作品為範本或依據，或推崇古法，或從美學上的美與意境去衡量，或以一己的實踐為參考，強調懸腕、懸肘，一旦像蘇東坡那樣不善懸腕，枕腕而書，就成了取笑的對象。[126]宋代大書家黃庭堅感嘆好筆「無心散卓」少有人喜歡，一般學書法的人反而「喜用宣城諸葛筆，著臂就案，倚筆成字」。他的話清楚反映了書法家和常民百姓在喜好的工具與書姿上的不同。[127]常人依托臂肘甚至手腕於桌或案上而書，這樣倚筆運指，少用肘腕，大為省力，字則不免少了某些書法家講究的力與美。如果說蘇東坡不算「常人」，宋代劉松年所作「攆茶圖」中執筆的僧人就不能不說是常人「著臂就案，倚筆成字」的一個例子了（圖55）。

所造。蓋秦之末，刑峻網密，官書煩冗，戰攻交馳，羽檄紛飛，故為草隸，趣急速耳，示簡易之指，非聖人之業也。」參張彥遠輯，洪丕謨點校，《法書要錄》，卷一，頁1。

126　黃庭堅，《豫章黃先生文集》（臺北：臺灣商務印書館景印四部叢刊初編集部，1965），卷二十九〈跋東坡水陸贊〉條，頁323；〈跋東坡論筆〉條，頁325。

127　黃庭堅，《豫章黃先生文集》，卷二十五〈書吳無至筆〉條，頁287。參何炎泉，〈北宋的毛筆、桌椅與筆法〉，頁57-102。

刀筆吏的日常書姿應也不會僅限於傳世文獻或出土圖像所見到的，在不同的公私場合下，很可能多種多樣。馬場基指出日本中世兩種姿勢並存，在古代中國則是或站立、或跪而危坐、或盤坐，或俯身，甚或箕踞、垂足，或置 T 形坐器於臀下，或懸肘，或懸腕，或枕腕，或雙手各持簡帛紙和筆，或置簡帛紙於几案上，多種姿勢共存；有些合於禮，有

圖 55　劉松年「攆茶圖」局部，臺北國立故宮博物院藏。

些不那麼合於禮，有些甚至違禮卻方便舒適，有些倖存於圖或文，有更多的則已淹沒在無情的時間大海裡。

　　本文想要強調常人著臂就案，倚筆成字的姿勢不無可能自戰國以來即已存在，並非如某些學者所主張到宋代利用桌椅以後才出現，也非因唐代僧人大量抄經才帶來書寫姿勢上革命性的變化。常民百姓較官吏更不必拘於禮制，書寫但求方便快速舒適，置簡帛或紙於几案或後來的桌上，臂肘憑依桌案而書應是較常見的書姿。奈何這樣的書姿太過平常，不合講究禮儀的圖像格套，不符經傳「常事不書」的大法，[128] 又為書畫名家所不肖，因此很難在較早期的經史文獻和圖畫中留下痕跡。

---

128 《春秋公羊傳》桓公四年、八年、十四年。「常事不書」原指非關乎善惡者不書，史遷以降，寫史重春秋筆法，日常之事除偶爾例外或無意中提及，遂絕少見於經史文獻。

過去大家多根據可考，但與現實有一定距離的圖像，又受到著名書法家作品，以及以「美」和「品味」為標準的各種書法論著的影響，反而沒有考慮刀筆吏、書手和一般百姓最日常的書寫習慣或常態。這並不是說一般平民、書手或刀筆吏就不以書法名家作品為範式，但他們為了討生活，應該比較不會僅僅為了書法的美、意境和個性，而犧牲日常工作上的方便、快速、舒適或不易疲勞吧。

伏几案而書即使是大多數人經常採取的姿勢，也要經歷數百，甚至上千年，到魏晉南北朝這樣一個蔑視甚至反傳統禮教，吸收和好尚域外文化（例如胡牀、垂足坐⋯⋯）的時代，才漸漸由不合禮變成可以接受，也才出現了「几案之才」、「几案之吏」這樣寓有褒貶二義的詞語，更要晚到五代或宋，伏几案或就桌椅而書才較全面地見於圖畫。古代許多詞語或圖像的變化往往落後於現實。我們利用某時代出現的詞語或畫像去論證當世，不能不考慮滯後、格套、公私和時代風氣等等因素。

日本中世繪卷上所見的書寫姿勢，也當作如是觀。日本繪卷繪成的時代很晚，最早的不過八世紀，一般多屬十一、十二至十四、十五世紀，但它們反映的書寫和繪畫姿勢無疑藏有較早期中國的影子。魏晉至唐代，中日之間有太多直接或透過高句麗、百濟、新羅的文化交往。就在這段期間，日本的文字書寫系統逐漸形成，而日本繪卷卻不像華夏中原那樣受到商周以來禮制和繪畫格套的深重束縛，相對而言，反映出了比較多公私生活的實態，包括書寫姿勢。[129]因此，既然在唐代和唐以前的華夏中原找不到伏几案而書的

---

129 鎌倉時代法眼圓伊所繪《一遍上人繪傳》（或稱《一遍聖繪》）十二卷四十八幅圖可以為例證。圖中描繪 13 世紀高僧一遍上人巡行弘法的景況，反映出極多日本各地的民俗生活面貌，包括本文曾引證的書寫場景（圖 2）。

踪影，日本繪卷中那些俯身案前，懸肘、懸腕或枕腕書寫的僧人和女尼（圖 56.1-2、57、58.1-2），應該可以在相當程度上幫助我們去想像「著臂就案，倚筆成字」的唐、宋學書人，燈前鋪紙的白居易，窗前几上臨帖的辯才，伏寫律令的高君孟，甚至伏几振筆的漢代刀筆吏。是否如此？值得我們好好考慮。

　　最後必須再說明一下：為何要去談這樣的問題？爭辯秦漢時代

圖 56.1　《法然上人行狀畫》，《新修日本繪卷物全集》14。

圖 56.2　《當麻曼荼羅緣起》，《日本繪卷大成》24。

圖 57　《法然上人繪傳》，馬場基提供。

58.1

58.2

圖 58.1-2《華嚴宗祖師繪傳》，《日本繪卷大成》17。

的人究竟是站或坐，或伏几案而書，初看的確會給人無關宏旨，不值一談的印象，更何況這篇小文僅僅試圖補充成說，不求立異。其所以談這個問題，一方面是因為近年論書法史或簡帛文書制度的著作已有不少注意到了這個問題，並幾乎一致地表示非站即坐，絕無伏几案而書的。我不禁想問：坐或站，手肘一無憑依的姿勢是否適合於書或畫二十世紀以來大量出土的簡帛文字和帛畫？這些出土的文書、典籍或帛畫絕大部分出自刀筆吏、職業書手或畫匠之手。他們書、畫的目的和追求，與過去大家比較熟知的書畫名家相同嗎？如果有所不同，是否會影響到書畫姿勢和利用的傢具或工具？私意以為僅僅考慮這些問題，就很值得關切中國古代書畫藝術者的重視。

換個角度看，同樣值得關注的是春秋戰國以降，中央集權官僚組織逐漸發展，秦漢承之，官僚組織從中央到地方趨於複雜和龐大，其體系之龐大細密在近代以前無疑是世界之最。伴隨這個體系的是極其繁雜多樣，數量驚人的日常行政文書。書寫這些的，概略言之，就是成千上萬漢世所謂的刀筆吏或文吏。由於人數眾多，刀筆吏或文吏毫無疑問從此成為影響中國古代文字書寫的主要群體。

因為秦漢時代以吏為師，吏職世襲，時日一久形成了一種刀筆吏或文吏這一群體特有的文化。其內涵大而言之，包括處理日常行政的一般態度和思維傾向、特定區域或單位本身特有的習慣或傳統等等；[130] 小而言之，如行政中的慣用術語、書體、文書格式、個人

---

130 可舉之例甚多，姑以齊地郡吏為例。《漢書·朱博傳》謂：齊郡舒緩養名，博新視事，右曹掾史皆移病臥。博問其故，對言「惶恐！故事二千石新到，輒遣吏存問致意，乃敢起就職。」博奮髯抵几曰：「觀齊兒欲以此為俗邪！」乃召見諸曹史、書佐及縣大吏，選視其可用者，出教置之，皆斥罷諸病吏，白巾走出府門。郡中

或單位間的禮貌語詞和敬稱等。更小而言之，如文書吏使用的各類書法（所謂六體或八體），某些字的大小、筆劃特殊的寫法或尾筆刻意拉長（例如：如漢簡文書中律令的「令」字、告府的「府」字、某年的「年」字）都可能和這一文化傳統有關，和個人關係較少。秦漢地方行政和政治絕大部分操之於文吏，即使中央或地方長官非出身吏職，也很難不受這一傳統的影響或束縛。這從賈誼和王充等人對刀筆吏或文吏的評論，即可見其梗概。過去大家較常注意所謂的士大夫政治或士大夫文化，對構成絕大部分官僚人口的刀筆吏或文吏文化極少措意。

如今秦漢地方行政文書大量出土，已有條件進一步研究這批文書製作者，也就是刀筆吏或文吏特有的文化。他們為了應付日常大量在竹木簡上書寫的需要，會在書寫方式和姿勢上作些什麼調整，以減少精神或身體的負荷而提高效率？以前我曾注意到書寫能力的培養或訓練，文書「式」或範本的利用和發展，文書作業流程的程式化。基於同樣的思考，進而注意到 T 形坐器或坐案和伏几案而書可能都和減輕疲勞，提升刀筆吏日常工作效率有關。如果我們關切秦漢官僚日常行政或刀筆吏文化，這一側面豈不也值得關注一二？

後記

修改期間，多承好友劉增貴、林素清、林聖智、林宛儒、游逸飛、施品曲、羅豐、來國龍、馬怡、侯旭東、陳松長、鄭岩、王

大驚。頃之，門下掾贛遂耆老大儒，教授數百人，拜起舒遲。博出教主簿：「贛老生不習吏禮，主簿且教拜起，閑習乃止。」又敕功曹：「官屬多襃衣大袑，不中節度，自今掾史衣皆令去地三寸。」

輝、李洪才、蔣英炬、馬場基賜教。因諸友賜教，方得補充資料，修訂錯誤，又曾向書法家王汎森、李宗焜和羅啟倫討教書藝，向好友趙超討教碑石法帖，謹此衷心致謝。唯文中仍然存在的問題和錯誤，概由作者負責。

108.7.15 訂補

原刊《故宮學術季刊》，第 33 卷第 1 期（2014），頁 123-167。

說「堂皇」

一 漢簡裡的堂煌

我們今天常說「堂而皇之」或「冠冕堂皇」,「堂皇」在漢代卻有和今天很不一樣的意思。居延漢簡中曾多次出現所謂的「堂煌」:

1. ☐讓持酒來過候,飲。第四守候長原憲詣官,候賜憲、主官譚等酒。酒盡,讓欲去,EPT68.18
   候復持酒出,之堂煌上飲,再行酒,盡,皆起。讓與候史候☐ EPT68.19[1](圖1)
2. 其旁河渡詣堂煌 EPT8.19(圖2)

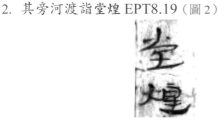 

圖1　EPT68.19　　圖2　EPT8.19

---

[1] 1、2 兩簡原是一份劾狀簡冊的一部分。目前這份簡冊已大致復原,其詳請參唐俊峰,〈甲渠候官第 68 號探方出土劾狀簡冊的復原與研究〉《簡牘學研究》第五輯(蘭州:甘肅人民出版社,2014),頁 38-58。

3. 　　　　　受官錢定課四千負四筭

萬歲候長充　　　　　　　　　　　　相除定得三筭　第一

　　母自言堂煌者第一得七筭

　　　　　　　　　206.4（勞圖版 225 圖 3）

4. ▢

兵書以七月旦發書堂煌，將軍

隨將軍自言糤得第卅六卒□

欲留至府君卒問宣白之　　　260.20A（勞圖版 224 圖 4）

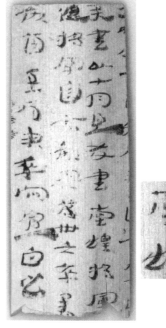

圖 3.1-3.2　居延
簡紅外線照片
206.4A 及局部

圖 4.1-4.2　居延簡紅外線照片 260.20A

以上簡字跡都十分清晰，「堂皇」一律寫成「堂煌」。誠如黎明釗先生指出，堂煌即堂皇。「堂皇」在傳世文獻中除寫作「堂皇」，也寫成「堂堭」或「堂隍」，其義皆同。黎先生進一步引《漢書·胡建傳》，認為堂煌或堂皇可能指「治事的地方」。[2]其說正確。

圖 5　水榭山東微山兩城鎮畫像，《中國畫像石全集二》，圖 46。

前引四例雖簡文殘缺，仍可看出堂煌是治事，甚至飲酒的地方。《漢書·胡建傳》顏師古注堂皇謂「室無四壁曰皇」。顏注有所據。《史記·孝武本紀》：「上欲治明堂奉高旁，未曉其制度。濟南人公玉帶上黃帝時明堂圖。明堂圖中有一殿，四面無壁，……於是上令奉高作明堂汶上，如帶圖。」所謂明堂有四面無壁之殿，可為顏注之一證。又《爾雅·釋宮》曰：「室有東西廂曰廟……，無室曰榭。」郭璞注：「榭即今堂堭。」榭本指一種臺上或池邊建築，也指沒有室的廳堂，從漢世畫像上的水榭看來（圖 5），其建築特點正是有柱而無壁，坐在榭中的人物可以觀賞池中的魚鱉和捕魚活動。堂皇應也有類似有柱無壁的建築特點。

<hr>

2　黎明釗，〈捕亡問題探討：讀漢簡小記〉，《簡帛研究二〇〇七》（桂林：廣西師範大學出版社，2010），頁 147。

漢畫裡的堂皇

　　堂皇既然是治事之所，可不可以找到形象的證據？黎先生沒進
一步追問。我不禁推想漢代畫像中經常見到的一種建築，很可能就
是用於治事的堂皇。漢代一般稱從中央丞相到地方州郡縣官員治事
的地方為「聽事」，[3]聽事是動詞，也是名詞，指官府建築群的一部
分。《郃陽令曹全碑》說曹全為縣令「廓廣聽事、官舍、廷、曹、
廊、閣」，其中聽事是有正門，也有旁側小門（閣）和若干附屬建
築的一組建築。這組建築的核心即聽事，也稱堂皇，乃主官治事和
延見屬下和賓客的堂。堂皇建築的特點是正面敞開，有階，有頂有
柱而無四壁，但據圖像資料看，有時有左右壁，或加後壁而有三
壁，其前敞開，更常有開闊可容人，甚至車馬進入和停留的庭。

　　目前可考，這類官府建築最生動的例子無過於內蒙古和林格爾
小板申漢墓壁畫中所見到的寧城圖（圖 6.1-6.2）。墓主一生官拜繁陽
令、行屬國都尉、使持節護烏桓校尉，其墓前室至中室甬道北壁和
中室東壁有一幅場面盛大的寧城圖。護烏桓校尉幕府即在寧城內。
據畫中榜題，諸官舍（如司馬舍）在校尉府外圍，校尉幕府有數門
（「營門」、「幕府南門」、「幕府東門」、「共（供）官門」及榜題殘損不
明之門），門內有庭，庭前有規模高大的建築——堂皇。堂皇有前
後披或四阿式頂，左側另有一室，右側和後側是否無壁，不很明

3　《後漢書・郡國志》「河南尹」條引應劭《漢官》曰：「尹，正也。**郡府聽事壁諸**
　　尹畫贊，肇自建武，訖于陽嘉，注其清濁進退，所謂不隱過，不虛譽，甚得述事
　　之實。」《後漢書・朱穆傳》注引《謝承書》曰：「穆臨當就道，冀州從事欲為畫
　　像置聽事上，穆留板書曰：『勿畫吾形，以為重負。忠義之未顯，何形象之足紀
　　也！』」

圖 6.1　內蒙古和林格爾漢墓壁畫摹本　　圖 6.2　前圖局部

圖 7.1　山東諸城涼台
孫琮墓畫像摹本

圖 7.2　前圖局部　林蕙敏摹

確，其正面敞開則可確認無疑。堂皇後兩旁隔些距離有廊廡式屋舍，榜題則有「營曹」、「倉」、「庫」、「齊（齋）室」等。這些建築和曹全碑描述的郃陽縣寺頗可對應。我猜想漢代官廳府寺的建築除了有規模大小和豪華樸素之別，布局應相當類似。東漢石刻畫像和壁畫中經常見到這類較畫中其他建築為高大的堂皇，有四阿式頂，正面敞開，有時沒有左右壁，觀者可以清楚看見人物列坐其中，山東諸城涼台漢陽太守孫琮墓石刻畫像就是另一個例子（圖7.1-7.2）。《說文》說皇者，「大也」；堂皇，應指堂之大者。這和漢畫中所見相符。

三 漢畫像空間的虛實與公私

我一度十分懷疑：這種有頂卻無壁的建築是漢代的畫工為了展現屋室內的人物，故意省去建築的牆壁，或使牆壁「透明化」嗎？或者，漢代本來就有這種三面無壁或最少正面敞開的建築？我會這樣懷疑，是因為明明也有例證顯示：屋頂下有人物列坐，人物旁或建築上刻意刻畫出了帶鋪首的門（圖8、9.1-2）。這個門並沒有相連的壁，但無疑意味著原應有壁，為了讓觀賞者看見屋室內的人物，只好保留門，而「透明化」或「虛化」牆壁。

如果稍稍比較以上畫像石和壁畫的幾個例子，不難發現有門沒門似乎和建築的功能有關。也就是說，如果要表現一個較私密的空間，就會加上一個門，表示這裡的空間原本有牆，僅僅為了展示空間內的人物，因而將與門相連的牆壁省去或虛化。如果要表現一個較公共開放性的空間，就根本不設門或牆。例如圖5、6表現的是

圖 8 　中國畫像石全集二

一個開放的空間，主人翁端坐在正面敞開的建築下，接見對他拜謁的官或吏，或觀賞庭院中的百戲表演。圖 8 所示則既有開放，也有不開放的空間。在停有車馬的兩闕之後，有一兩層的建築，樓下屬開放空間，無門，主人翁朝左，接見拜謁的官吏。其樓上正中畫一帶鋪首的門，兩旁各有兩婦人端坐。這個門本不該出現在樓上。其所以特別畫個門，用意必在表示這部分的空間本屬私密，不該外露。同樣的情形見於圖 9.1-9.2。圖 9.1-9.2 的建築有樓閣。上層樓閣無人，樓下右側坐著對奕的二人，左側似有對坐的夫婦，其左又明顯刻畫了一門。這個門很清楚表示這本應是一處私密空間，有門有壁，石匠畫工為了讓觀者看見屋室中人物，才省略或虛化了牆壁。

　　當然，稍知漢畫的人都明白有門無門並不是判別公私建築或開放或不開放空間的絕對或唯一標準，有時公共性的官署刻畫有門，有時又無門，私人性或私密空間也非必然門存在。漢代藝匠在這

圖 9.1 　中國畫像石全集五

圖 9.2 　前圖原石，2011 作者攝於西安碑林博物館。

方面的表現上，有相當大的自由。

　　如果以上的理解可以成立，接著可以追問所謂的開放、不開放或公共、私密空間，在漢代到底是指什麼空間呢？簡單地說，不開放或私密空間主要指家宅或居舍，尤其是內室或內寢，而開放或公共空間主要指官府聽事建築的堂皇。前文所說內蒙古和林格爾小板申漢墓壁畫就是例證。

　　不過這個例證還有些細節需要說明。和林格爾小板申漢墓壁畫曾頗為細緻地描繪了墓主身前歷任職官所在的各城和府寺。所繪固然並不絕對準確，其表現出來的建築特色卻也絕非純然出於想像，應為其時人們所習見，最少合乎當時人對官衙的集體記憶或一般性印象。這裡要特別注意的是，畫中的府寺、倉、曹，有時看來無壁或無門，其實如前文所說是畫工為了讓觀賞者能看見府寺、倉或曹中的吏，省去或虛化了壁或門，並不是真的無壁或無門（圖10-13）。例如圖9中的建築有榜題曰：「護烏桓校尉幕府穀倉」。從漢墓所出陶倉模型可知，穀倉必然有壁，有門，有窗，但畫中有門有窗，卻省去牆壁，或者說使牆壁透明化或虛化；如此觀者才能看見坐於穀倉內的官吏。重慶三峽博物館藏漢畫像磚上的穀倉有帶鋪首的門，但壁也刻意透明化，觀者可看到倉內成堆的白米（圖11），旁有榜題「白米」。其餘畫中無壁的諸曹也應該都是如此（圖12-13）。

　　接著還要說明一下漢代有十分明確描繪出有門也有壁的例子。陝西定邊郝灘鄉漢墓壁畫中有四合院式的住宅。因為壁畫保存相當良好，我們可以清楚地看見屋簷下有帶鋪首的門，門旁則有刷上白粉的壁（圖14）。

圖 10　和林格爾壁畫墓壁畫摹　　圖 11　重慶三峽博物館，穀倉有門而無壁，施品曲攝。
本穀倉有門有窗而無壁

圖 12　和林格爾壁畫墓壁畫摹本，諸曹建築有門有軒
而無壁。

圖 13　和林格爾壁畫墓壁畫摹本幕府有門無壁，諸曹建築無門也
無壁。

圖 14　《中國出土壁畫全集》6 圖 57

圖 15　四川遂寧崖墓出土陶堂模型
今藏成都四川省博物館

四 小結

圖 16

圖 17

莫高窟第十二窟壁畫線描圖局部　採自敦煌研究院編，《敦煌壁畫線描百圖》
（上海古籍出版社，2004），頁 100-101。

　　總之，如以漢世圖像為證，可知古代實際的堂正面敞開，不一
定如顏師古所說是四面皆無壁，有時正面和左右側有柱無壁，有時
左右有壁或加背後有三壁（圖 15）。不論平民住屋或官府的堂前多

有階，階或雙或單。最少在唐代壁畫和宋、元畫家筆下，不論官、民，會見賓客和治事必於堂，而堂在建築上的共同特點在於正面敞開或僅局部有遮蔽（如圖 16-17 敦煌莫高窟第十二窟晚唐壁畫）。此外還可稍一提的是在漢代從中央到地方官府常用雄黃將堂塗成黃色，因此堂又稱黃堂。此事舊作已談，不再重複。[4]

100.12.24/104.4.13/108.7.19 增補

後記

增補畢，欣見唐俊峰先生論及秦漢門下組織和堂皇的關係，頗多進一步的認識，值得參考。請見唐俊峰，〈秦、西漢官文書啟封制度演變補論——以門下組織的角色為中心〉，《中國簡帛學國際論壇 2017 會議論文集》（武漢：武漢大學出版社，2017），頁 373-392。

106.11.30

---

4 邢義田，〈陝西旬邑百子村壁畫墓的墓主、時代與「天門」問題〉，《畫為心聲》，頁 652-653。

「豫讓刺趙襄子」或「秦王謀殺燕太子」？
山東鄒城南落陵村畫像的故事

　　在以前的畫像研究裡，我一再強調榜題和格套是窺探漢代畫像寓意的兩把鑰匙。如果某一畫像和可知的格套不同，又無榜題可據，是否即無法解索其故事或意義了呢？我意識到這個問題和挑戰，卻久久無法面對。山東鄒城南落陵村出土的石槨畫像無意中給了我一個嘗試面對挑戰的機會。能作嘗試的原因在於偶然發現關鍵性的畫面元素竟然和傳世文獻若合符節，令我敢於揣測漢畫中可能有秦王謀殺燕太子丹的故事。

　　胡新立著《鄒城漢畫像石》，圖 207-210 收錄有 1975 年在山東鄒縣（今鄒城市）西南 6.8 公里北宿鎮南落陵村南方一殘墓中發現的畫像石槨。[1]這一雙室石槨的中隔板兩面有陰線刻畫像，保存十分

圖 1　山東鄒城北宿鎮南落陵村畫像石拓本《鄒城漢畫像石》，圖 207。

1　胡新立，《鄒城漢畫像石》（北京：文物出版社，2008），圖版頁 170-173。

完好，長 242 公分，寬 86 公分。據石槨形式和畫像風格看，屬西漢中晚期。其中一面的中格畫像，被認為可能是刻畫「豫讓二刺趙襄子」的故事（圖 1-3）。胡新立先生在圖版說明中說：

> 畫面為一橋，上有兩輛馬車通過，前車剛過，中間橋孔被橋下蛟龍頂翻，後車險些掉入河中。右橋孔下一漁夫持罩捕魚。經考證，畫面可能是「豫讓二刺趙襄子」歷史故事。（圖版說明頁 75）

這一石槨畫像因為沒有榜題，應如何理解畫面描述的故事，曾困惑了我很久。[2]後來見到胡先生之說，一度接受了他的看法。胡先生沒說「經考證」，是誰作的考證。我猜測其說可能是受到前輩劉敦愿先生的影響。劉先生曾據山東蒼山蘭陵鄉出土的另一畫面有車馬過橋，橋下有二人，也有漁夫的例子，指出描繪的應是豫讓刺趙襄子的故事（圖 4）。楊愛國先生也曾表示同意。[3]南落陵村石槨中格畫像不無類似，胡先生或許因而推想可能屬同一個故事。這應該是目前主要的看法。[4]

---

2 我注意此圖已久，但一直無法提出解釋，請參邢義田，〈格套、榜題、文獻與畫像解釋—以一個失傳的「七女為父報仇」漢畫故事為例〉《畫為心聲》（北京：中華書局，2011），頁 137。

3 劉敦愿，〈漢畫像石未詳歷史故事考〉，《美術考古與古代文明》（臺北：允晨出版公司，1994），頁 368-370。楊愛國在所著《不為觀賞的畫作：漢畫像石和畫像磚》（成都：四川教育出版社，1998），頁 69-71 也引用同一畫像石，表達同一說法。又見焦德森、楊愛國主編，《中國畫像石全集 3》（濟南：山東美術出版社，2000），圖 115 標題題作「豫讓刺趙襄子畫像」，圖版說明見頁 39。

4 張從軍先生的《漢畫像石》（濟南：山東友誼出版社，2002）一書頁 129-131 有專節討論到南落陵村石槨，唯對中格畫像的意義未表示意見。

圖 2　同上局部《鄒城漢畫像石》，圖 209。

圖 3　山東鄒城北宿鎮南落陵村畫像原石，1992 年作者
攝於鄒縣孟廟。

圖 4　山東蒼山蘭陵鄉畫像石　山東省博物館、山東省
文物考古研究所編，《山東漢畫像石選集》（濟南：齊魯
書社，1982），頁 183 圖 420。

一 對豫讓謀刺趙襄子畫像的幾點觀察

我雖然接受了這一看法，仍感到劉、胡、楊三位所舉之例的畫面其實有重大的歧異：一則橋斷或未斷，二則橋下有龍或無龍，三則橋上車馬和人或落或未落到橋下。如果解釋蘭陵鄉的畫像為豫讓刺殺趙襄子，在畫面上僅見車馬安穩地過橋，了無刺殺的緊張氣氛或描繪。漢墓畫像磚、石和壁畫中有非常多的車馬過橋圖，龐大或簡單的車馬隊伍一般自橋上通過，用意在於展示官員出巡的場面和威風。蘭陵鄉畫像橋下有二人交頭接耳，狀至親暱，卻沒有任何武器在手，難以說是刺客。這一件畫面呈現的重點與氣氛，和山東其他畫像中的刺客必有武器，畫面聚焦在刺殺行動關鍵又緊張的一刻，完全不同。

再者，山東嘉祥武梁祠畫像中有「豫讓殺身以報知己」完整清晰的榜題和「趙襄子」殘榜（圖5），描繪趙襄子乘於馬車，馬受驚躍起，豫讓謀刺失敗，正欲以劍擊擲於地上的趙襄子衣服以代替報仇。畫面明顯是以豫讓藏於橋下，馬受驚，和豫讓謀刺失敗後的先後情節為重點，但省略了橋，這和蘭陵鄉畫像的畫面元素和構圖呈

圖5　中央研究院歷史語言研究所藏　武梁祠畫像拓本局部。

現的完全不同。如果武梁祠有榜的畫像可以視為豫讓刺趙襄子故事的某一種畫像格套，那麼不符合格套的蘭陵鄉石槨畫像是否是描述這個故事呢？

　　回頭看鄒城北宿鎮南落陵村畫像的畫面，清楚有一座斷橋，又有蛟龍在橋下。就構圖格套而言，它和前述武梁祠有清晰榜題的豫讓刺趙襄子畫像也大不相同。再則傳世文獻中的豫讓刺趙襄子故事並沒有蛟龍和橋斷這些故事元素。換言之，鄒城南落陵村畫像的畫面和可考的豫讓刺趙襄子畫像格套有異，也和文獻描述有出入。雖然說畫面可另有所據，不一定要和傳世文獻完全相合，但似乎也該有若干共同的特徵或關鍵的故事元素，不應差別太多。因此我雖一時接受了劉、胡、楊三位之說，內心仍有著不安。

　　不安之中，欣見胡新立在《鄒城漢畫像石》提到的另一幅畫像或有機會引領我們走出不安。他在《鄒城漢畫像石》圖六的圖版說明中指出，鄒城郭里鎮臥虎山二號墓出土的石槨南槨外側左格畫像十分可能也是描繪豫讓刺趙襄子（圖 6-8.2）。[5]因為在這幅畫像中，橋斷，多人和馬落水，橋下有一人正以手中的匕首刺另一手中所握的衣服。刺衣這一獨特場景十分符合《戰國策·趙策》和《史記·刺客列傳》記述豫讓謀刺趙襄子失敗後，刺襄子衣服以代替報仇的情節。由於這一場景太過特別，又僅見於豫讓謀刺趙襄子這一個故事，因此感到胡先生的解讀頗具說服力。

　　不過，這一解讀可能仍會遭人懷疑：第一，沒有榜題可證，第二，《戰國策》和《史記》都說趙襄子過橋，豫讓伏於橋下，並沒說橋斷，這件畫像中怎會出現了斷橋？第三，《戰國策》和《史記》

5　胡新立，《鄒城漢畫像石》，圖版說明頁 2。圖六豫讓二刺趙襄子畫像見圖版頁 4。

圖 6 　鄒城臥虎山二號墓出土石槨畫像原石　2010 作者攝於鄒城市博物館。

都說趙襄子過橋，因馬受驚，趙襄子猜想應是豫讓行刺，因而派人搜出藏在橋下的豫讓。臥虎山畫像中豫讓在左右二人的包夾之下，[6]正舉起匕首刺衣，這應是他被捕後的情節，先後情節出現在同一個畫面裡，豈不有些奇怪？

　　就第一個疑問而言，沒有榜題確實是企圖完全坐實畫像意義的死穴；在無榜又無格套可據的情形下，我不能不承認我們僅能盡最大努力作些推斷，難以咬死論定。胡先生之說和本文以下的討論都是盡力而為罷了。

　　就第二點疑問，或許我們可以說這恰恰反映了圖像、傳世文獻和口傳文本之間的出入。許多故事在傳世文獻中或有省略，甚至根本失載，如七女為父報仇的故事如今僅見於漢世畫像。關鍵在於臥虎山畫像的「刺衣」場景十分清楚（圖 7），呈現的情節和傳世文獻完全相合，而傳世文獻中以刺衣代替報仇的情節又僅見於豫讓刺趙襄子這一個故事。武梁祠畫像中趙襄子的衣服擲於地上，衣裳、衣

6　也有學者認為左右包挾者是女性，乃聶政的妻子和姐姐，故事主題為聶政自屠。參張從軍，《漢畫像石》，頁 80-81。此說可商，因為畫面上左右包挾者明顯為戴冠的男子，山東漢畫中的女性頭頂多有髻、步搖、簪或其他頭飾，無戴冠的例子。

圖 7　原石局部照片　2010 年攝於鄒
城市博物館。

圖 8.1　《鄒城漢畫像石》　圖 6。

領和衣袖一一清楚地呈現，臥虎山畫像中的衣服握在豫讓的手中，僅見衣服兩頭自手中垂下，沒有更多細節的描繪。這樣握在手中兩頭垂下之物，也見於武梁祠東壁齊宣王與無鹽醜女的故事畫面，孫機先生曾據紋飾論證宣王手中的是綬帶。[7]從形狀看，垂下之物固然可能是象徵官服的綬帶，但因握在手中，畫面上無法更充分展現衣服的形狀，說它是垂下的衣服也未嘗不可。

　　關於第三個疑問，以前我分析山東漢畫像中的荊軻刺秦王圖，曾指出漢代畫像在處理故事情節的手法上多種多樣，有單景式構圖，也有一種是壓縮先後情節於同一個畫面，謂之「同發式構圖」。[8]臥虎山畫像的構圖手法即屬後者，並不特別，也不是不可理解。說它是豫讓刺趙襄子故事應是目前較妥當的說法。

　　此外請注意在臥虎山這幅畫像裡，橋雖斷，乘坐馬車的趙襄子在斷橋的右端，人馬都安然過了橋；落下橋的或在水中，或正由斷

7　孫機，《漢代物質文化資料圖說》，頁 250。

8　詳見邢義田，〈格套、榜題、文獻與畫像解釋：以一個失傳的「七女為父報仇」漢畫故事為例〉，《畫為心聲》，頁 92-137。

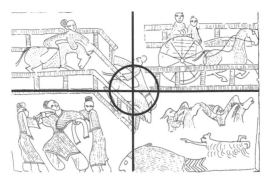

圖 8.2　作者線描圖

處落下的是騎在馬上，跟隨趙襄子的從騎，橋上最左一位騎士正伸手試圖拉住前方要落水的人。石工十分成功地捉捕住人馬將滑落橋下，最危急緊張的一刻。斷橋和正滑落的人馬居於畫面中心（圖 8.1-8.2），無疑是布局的焦點。豫讓刺衣一景反居於畫面的左下角，偏在焦點以外。如此以斷橋為中心的布局，令我不禁懷疑在刺殺趙襄子的故事版本中，很可能有些有橋斷的情節，因為預知橋會斷，豫讓才會預先躲在橋下等待行刺。為什麼能預知橋會斷呢？

二　機橋、蛟龍捧轝與渭水斷橋

日前讀《水經注疏》，無意中看到「渭水」條所引《燕丹子》有如下一段：

> 燕太子丹質于秦，秦王遇之無禮，乃求歸。**秦王為機發之橋，欲以陷丹**，丹過之，橋不為發。又一說，交龍捧轝而機不發。[9]

按《燕丹子》一書著錄於《隋書・經籍志》，久佚，唐初所編《藝文類聚》卷九「水部」下，「橋」條引《燕丹子》作：

9　熊會貞參疏，段仲熙點校，陳橋驛復校，《水經注疏》（江蘇古籍出版社，1989），卷十九，頁 1582。

燕太子丹質於秦，秦王遇之無禮，乃求歸。**秦王為機發之橋，欲以陷丹，丹過之無虞。**[10]

《太平御覽》卷一四七「皇親部」十三，「太子二」條引《燕丹子》有較多的內容：

太子丹子質於秦，秦王遇之無禮，不得意，欲歸。秦王不聽，謬言：「令烏白頭，馬生角，乃可。」丹仰天而歎，烏即白頭，馬生角。秦不得已而遣之，**為機發之橋，欲陷丹**。丹過之，橋為不發。夜到關，丹為雞鳴，遂得逃歸……。[11]

比較殘文可知《水經注疏》所謂「又一說，交龍捧輿而機不發」非出自《燕丹子》，而應出自西晉張華的《博物志》。《太平御覽》卷九三〇鱗介部二「蛟」引《博物志》云：「燕太子丹質於秦，見遣而為機橋於渭，將殺之，蛟龍夾舉，機不得發。」[12]《水經注》的「交龍捧輿」，《博物志》作「蛟龍夾舉」。熊會貞認為捧輿有誤，當從《博物志》改作「夾舉」。

　　讀後忽悟這個故事和鄒城南落陵村石槨畫像所描繪的不是相當符合嗎？熊會貞按語已指出《燕丹子》所說的交龍，「交當作蛟」，交龍就是蛟龍。按山東嘉祥宋山出土安國祠堂永壽三年題記和山東省博物館藏長清長清大街出土的東漢墓畫像榜題中的蛟龍二字都作「交龍」（圖9.1-9.2），其他漢簡和銅鏡也是如此，可證其說。[13]

10　《藝文類聚》，《景印文淵閣四庫全書》第八八七冊（臺北：臺灣商務印書館，1983），頁312。

11　《太平御覽》第一冊（臺北：臺灣商務印書館，1997），卷一四七，頁847。

12　《太平御覽》第五冊（臺北：臺灣商務印書館，1997），卷九三〇，頁4267。

13　長清大街出土漢畫像石拓本參山東省博物館編，《山東省博物館館藏精品》（濟南：友誼出版社，2008）。又江蘇連雲港尹灣漢墓出土竹簡神烏賦有「交（蛟）龍執

可是《燕丹子》所說的「機發之橋」或《博物志》所說的「機橋」是什麼呢？初讀原不太理解，經查才知這是古代習語，文獻中常出現，指的是設有機關，可以控制或可以發動機關的橋，用來陷害過橋的敵人。機橋詞意較明確的例子見於《新唐書・康日知傳》日知子「康承訓」條：

圖 9.1　安國祠堂題記拓片，作者藏拓局部。

圖 9.2　長清大街畫像原石，2015 年作者攝。

> 咸通中……諸道兵屯海州，度賊至，**作機橋**，維以長絙，賊半度，絙絕，士溺死，度者不得戰，殲之。[14]

由此可知「機橋」是一種暗設機關的橋，橋看起來好像用又長又粗的繩索綑繫，實際上人馬一旦經過，發動機關，繩索絕，則橋斷人溺。又據杜佑《通典》卷一五二言「守拒法」有所謂「轉關橋」，是另一種暗設機關的橋：

> 轉關橋，一樑，端著橫檢，按去其檢，橋轉關，人馬不得過度，皆傾水中。[15]

《太平御覽》卷三三七兵部六十八「攻具下」引《通典》文相近，唯「橫檢」作「橫括」，[16]又在「皆傾水中」後多了「秦用此橋而殺

（蟄）而深臧（藏）」句。參裘錫圭，〈神烏傳（賦）初探〉，《裘錫圭學術文集》簡牘帛書卷（上海：復旦大學出版社，2012），頁 266。兩漢銅鏡銘文中的蛟龍幾全寫作交龍，作蛟龍者僅一例，參林素清輯，《兩漢鏡銘集錄》，收入中研院史語所簡帛金石資料庫。

14　《新唐書》，卷一四八〈康日知傳〉（臺北：藝文印書館，1972），頁 1803。《新唐書》，卷一四八〈康日知傳〉（北京：中華書局，1975），頁 4776。

15　《通典》（北京：中華書局，1988），頁 3896。

16　《太平御覽》第二冊（臺北：臺灣商務印書館，1997），卷三三七，頁 1675。

燕丹」八字，而這八字原出於唐代李筌《太白陰經》，《太白陰經》
明白說出了秦用暗藏機關的橋陷害燕太子丹一事：「轉關橋，一梁
為橋梁，端著橫栝，拔去栝，橋轉關，人馬不得渡，皆傾水中。秦
用此橋，以殺燕丹。」[17]此外《文苑英華》卷七三五錄唐貞觀時人
朱敬則的〈陳武帝論〉：

> 楚之王孫，歎布衣之未返，燕之太子，踐機橋而不歸。悲夫![18]

　　可見這一故事自漢以後到唐、宋應曾流傳不絕。以上不同的記
載也反映出故事在流傳中出現了多樣的結局：或說機關不知何故失
靈（「橋不為發」），或說是因蛟龍捧住車輿，使機關未能發動（「交
龍捧轝而機不發」），燕太子得以逃過劫難而歸國，或者說燕太子
不幸踏上暗藏機關的橋（「機橋」或「轉關橋」），溺水而不得歸。

　　無論結局如何，明白了機橋為何物，則知《水經注》的「捧轝」
二字原本無誤，不必據《博物志》改作「夾舉」。《說文》轝，「車
輿也」，轝即輿，即車箱乘人之處；過去注疏家或許因為無法理解
或想像蛟龍為何要捧轝？捧轝又該是什麼樣子？遂以為文字有誤，
建議改成「夾舉」。如果細審鄒城南落陵村畫像中的斷橋，可知它
是一座暗設機關的橋，此橋已明顯斷開，但橋下的蛟龍適時伸頭朝
上，以吻部頂住了車輪及其上的車輿，完全合乎「交龍捧轝」的描
述。因蛟龍捧轝，前一車得以安然通過，後一車的車手見橋斷，及
時剎住馬和車，化解了危機，橋上車馬和人因而都沒落水，太子也
得以逃過秦王的陷害而返國。[19]

17　四川大學古籍整理研究所等編，《太白陰經》（成都：四川人民出版社，1998），卷
　　四〈戰具〉，頁25。李筌生平不詳，傳為代宗時荊南節度副使，較成書於德宗時的
　　《通典》稍早，《通典》兵類採《太白陰經》者甚多。
18　《文苑英華》第五冊（北京：中華書局，1966），頁3940-2。
19　過去一般都看成是蛟龍咬或弄斷了橋，例如前引張從軍，《漢畫像石》，頁129。

換言之，鄒城南落陵村畫像石上的斷橋其實是一座機橋。就藝術表現而言，我們不得不承認在畫面上很不容易表現暗藏的機關。這幅畫像的石工不去刻畫一座未斷而看不出玄機的橋，反而捉捕機關發動後橋斷，蛟龍伸頭頂住車輪的瞬間，十分精彩地表現了故事最扣人心弦的一刻，帶給觀者最大的緊張和刺激。這和漢畫荊軻刺秦王圖通常以刻畫荊軻擲出匕首，匕首正插入銅柱的瞬間為重點，頗有異曲同工之妙。

　　此外還有一點值得注意。傳聞中發生故事的地點雖都和橋有關，《燕丹子》僅存殘文，殘文中沒有交待機橋何在，《博物志》則說秦王為機橋於渭水。據張守節《史記正義》，豫讓謀刺趙襄子於橋下的橋乃汾橋，「在并州晉陽縣東一里。」（《史記·刺客列傳》）姑不論張守節根據為何，是否正確，豫讓行刺發生在三家分晉之時，地點必在三晉，不可能在秦國的渭水。如果設機橋於渭水一事不無根據，多少可旁證秦王發機橋於渭水之說比較可能和燕太子丹有關，而和豫讓行刺趙襄子無涉。

　　豫讓謀刺趙襄子和秦王謀殺燕太子丹既然是兩個不相干的故事，為什麼畫像中都出現了斷橋？這一點也需要解釋。我的猜想是：故事裡秦王暗設機橋以謀殺燕太子，豫讓謀殺趙襄子於橋下在尋常百姓的口傳和想像中，豈不都可利用和橋有關的機關？傳聞異辭或移花接木是口傳和民間文學中常見的現象，或偷換主人翁，或挪移情節，或變易場景，不一而足。[20]受到民間口傳影響的畫像，

20　即以我研究過的七女為父報仇畫像故事為例，七女報仇的對象在和林格爾小板申漢墓壁畫中標明是「長安令」，但在河南安陽曹操墓所出畫像石上卻題為「咸陽令」。參邢義田，《畫為心聲》，頁 92-137；河南省文物考古研究所，《曹操高陵》（北京：中國社會科學出版社，2016），頁 235，圖一五四。又我相信漢畫撈鼎圖

不論誰是花，誰是木，孰先孰後，都圍繞著斷橋展開情節，並不難以想像。

三 壽夭天命——畫像寓意的解讀

由於《博物志》這一記載明確說出故事發生於渭水，我才又恍然大悟在宋代南戲劇本《張協狀元》一段貧女為狀元夫婿張協所棄，險些喪命，貧女之父欲報仇的情節裡，丑、末對話提及的典故：

> （丑）：莫管我的女孩兒，為你爭些（錢南揚注：「爭些」意為「差一點兒」）不見了性命，
>
> （末）：大凡壽夭也是天命，不敢說甚年渭水斷橋。[21]

錢南揚校注《張協狀元》甚詳，唯對「渭水斷橋」何典？未曾出注。如果對讀《博物志》、《燕丹子》和漢代畫像，則知「渭水斷橋」之典應出自傳說中燕太子丹在渭水橋的遭遇。傳說中燕太子或因中了橋的機關而喪命，或因機關失靈，或得蛟龍之助而躲過一劫。燕太子或生或死的不同遭遇，正說明了生死或天命之偶然和無常。宋代看戲的百姓顯然都相當熟悉背後的故事，因此戲文不須多鋪陳故事或多作解釋，但言「渭水斷橋」，發出「壽夭也是天命」的感嘆，觀眾就知何指而心領神會。

的主人翁曾被刻意由秦王轉換成墓主，撈鼎的場景由河邊轉換成似乎在某建築之下或之前，參〈漢畫解讀方法試探——以撈鼎圖為例〉，《畫為心聲》，頁 398-439。

21 錢南揚校注，《永樂大典戲文三種校注》（北京：中華書局，1979），頁 153。

此外，自漢世以降，龍無疑是天命的象徵，漢人相信天命，每謂得天下為「龍興」，[22]燕太子丹得蛟龍相助，意味著他身膺天命，乃得逢凶化吉，大難不死。《史記・刺客列傳》太史公曰曾提到「世言荊軻，其稱太子丹之命，天雨粟，馬生角也，太過。」太史公雖不信和燕太子有關的世間傳言，司馬貞《史記索隱》引的《燕丹子》卻說：「丹求歸，秦王曰：烏頭白，馬生角，乃許耳。丹乃仰天歎，烏頭即白，馬亦生角。」太子丹仰天一歎，化不可能為可能，一般人相信這就是他有天命的證明。東漢應劭《風俗通・正失》的「燕太子丹」條也引「俗說云：『丹有神靈，天為感應，於是遣使歸國。』」可見一般民間百姓相信燕太子是有天命在身的。

總之，本文所涉三件漢世畫像，第一件蒼山蘭陵鄉畫像比較可能是其他的過橋圖，橋下二人狀至親暱，不像刺客，山東畫像中不乏男女交頭親暱的例子，唯二人為何出現於橋下？涉及什麼故事？仍待研究。第二件鄒城臥虎山石槨畫像則較可能是刻畫豫讓刺趙襄子的故事，刺衣這一獨特的場景刻畫是判斷故事的關鍵。第三件鄒城北宿鎮南落陵村中格畫像雖沒有榜題可據，難以百分之百確定它的寓意，但稍一比對傳世文獻透露的蛛絲馬跡，據機橋和蛟龍捧轝推測它是秦王謀殺燕太子丹的故事，應該八九不離十。

漢代墓葬石槨上出現秦王謀殺燕太子丹這樣的畫像，寓意何在？漢墓的主人和家人為什麼要在石槨上刻畫一個謀殺故事呢？我相信這很有可能像宋代的戲文一樣，借他人酒杯澆自家塊壘，感嘆命運或生命的無常。這類感嘆正如大家所熟知，經常出現在漢世

22　例如《漢書・息夫躬傳》謂「先帝龍興」，《論衡・偶會》謂漢高祖乃「聖主龍興」，公孫述曾以龍興為年號，餘不多舉。

詩、賦、墓碑、墓室或祠堂題記中。石槨畫像藉用這一故事的重點顯然不在秦王的謀殺，而在藉橋斷或不斷，藉燕太子的生死，哀嘆無常難料的命運，從這個角度一想，石槨上有這類畫像就沒什麼不合理不自然了。

豫讓刺趙襄子的故事出現在鄒城臥虎山出土的石槨上，也需要解釋。難道它也寓有某種對人生的哀嘆？我沒有確切的證據，但試想豫讓為了復仇，不惜殘害自己的身體和形象，用盡一切辦法卻以失敗自殺告終。這樣淒涼的悲劇應會引起無數奮鬥一生卻命運不濟者的同情和嘆息吧？想想從賈誼、董仲舒、東方朔、司馬遷到王充，常令漢代人困惑和感傷的就是命運的吉凶或人生的遇不遇或時不時，由此或可推想，像其他荊軻、專諸等等悲劇英雄之所以頻頻出現於漢墓或祠堂畫像中，也應在忠孝節義等道德教誨以外，有更能觸動人心深層感受或更能引發共鳴的地方，否則恐怕不會那麼受到歡迎。這些深一層的內涵很值得我們更細心，更深一層地去思索和挖掘。本文不過試著挖掘了一小層，不一定對，有待識者進一步研究。

後記

小文初稿曾呈蔣英炬、楊愛國、胡新立先生和學棣高震寰指教，承蒙不棄，多所糾繆，得以避免不必要的錯誤，謹誌謝忱。唯文中仍然存在的錯誤，概由作者自負。此文不曾在期刊發表，因輯近作，直接收入本書。

109.6.10

從制度的「可視性」談漢代的印綬和鞶囊

陳侃理：

老師們、同學們，女士們、先生們大家晚上好，歡迎來到北京大學二體報告廳聆聽邢義田先生的講座。我是今天講座的主持人北京大學歷史系的陳侃理。這次講座是北京大學人文社會科學研究院主辦的「跨學科視野下的制度史研究」系列講座的第四場。今天我站在這裡作為主持人很惶恐，因為完全沒有資格，但最後還是接受了文研院的委託，我想有兩個原因：第一，我覺得文研院是想借著這個機會提攜後進，發揚北大的優良傳統，不論資排輩；第二，作為主持人我有一個優勢，不用提前來佔座。今天高朋滿座，但按照文研院一切從簡的傳統，我只介紹兩位評議人，他們是藝術史和秦漢史方面的專家，一位是中央美術學院圖書館館長、人文學院教授鄭岩先生，另一位是北京大學中國古代史研究中心主任陳蘇鎮先生。相信待會兒兩位老師的評議會豐富本次講座的內涵。

今天的主講人北京大學人文社會科學研究院特邀訪問教授邢義田先生，邢先生是中央研究院院士，海內外著名的秦漢史和中外交流史的專家。邢先生的學問淵深廣博，細緻入微。在座的各位如果讀過邢先生的四大冊秦漢史論著系列，我想應該會同意我下面説的話。邢先生專治中國史，又研究羅馬史；他研究簡牘的內容，又研究簡牘的製作，甚至還

自己書寫簡牘；邢先生善於精讀文本，又善於圖像分析；他探討制度文化，也關注物質文化。我想以上的這些治學特點會體現在今天的講座中。今天邢先生的講座題目是「也談制度的可視性——漢代的印綬和鞶囊」。

邢義田：

　　感謝在座的諸位，有些就在校園，有些不遠千里而來，在這寒冷的冬夜聽我的講座，這讓我非常感動。不管怎麼說，今天講座最成功的是題目取得好，叫做「也談制度的可視性」，能夠請到上回談可視性的閻步克老師蒞臨指導。說實在話，文研院當初希望我來跟大家聊一聊的時候，我本來想講另外一個題目。可是上次聽了閻步克老師講「尊與爵」，我當場就說「我改題目了」。

　　閻步克老師的講座給了我很大的啟發和靈感，使我想起很多年以前曾注意到的一個題目。可是這個題目一直僅僅留在我記憶的邊緣，幾乎忘掉了。我必須說，閻步克老師講的先秦「尊與爵」，除了跟我要講的秦漢時段不同之外，我們還有一點很不同。閻步克老師的講座準備充分，背後有理論的支撐，又有翔實的材料分析，而我是臨時起意，在非常倉促的狀態下僅用手邊現成的材料重新把記憶邊緣的一些東西組織起來，所以我的講座一定會有很多漏洞。為什麼我會把這個題目丟在記憶的邊緣？因為在閱讀傳世文獻時，發現古人關於印綬的記載有太多矛盾和不一致，一直沒功夫去做梳理和思考。幾年前我雖在武漢大學簡帛研究中心和中心師生聊過一次，沒有筆之成文，一晃也就擱下了。因此須要向大家坦白，今天的報告其實很初步。

談漢印的文章很多，談印綬的少，一起談印和印綬的更少，再加上鞶囊的更少之又少。有關漢印的研究太多，這裡暫且不管。關於漢代的印綬，孫機和阿部幸信等學者都曾做過研究，寫了文章，但是孫先生主要就「金紫」談到相關問題的一部分，[1]阿部教授談的較多較全面，自春秋戰國談到秦漢，曾視「綬色」乃「可視的表像」，具有彰顯「朝位」高下的機能，[2]他注意到顏色，指出「綬色」乃「可視的表像」，具有一定的機能，可惜沒有從「可視性」的角度對顏色作為一種政治符號，作更多的討論，也只據傳世文獻，完全沒用圖像材料。

　　這不能怪學者不用。因為很多圖像性的材料一直到最近幾年才陸續有較好的圖錄出版。例如山東金鄉「朱鮪石室」畫像和長清孝堂山石祠的畫像雖然早已為人所知，有不少著錄，但是較完整清晰的圖錄一直到 2015 年和 2017 年才出版，2018 年齊魯書社才又出版了附有出土報告和局部細圖的《臨沂吳白莊漢畫像石墓》，此外朱青生主編的《漢畫總錄》也到 2012 以後才陸續出版陝北、南陽、鄒城、蕭縣等卷，學界才能夠真正作較細緻的研究。其他過去出版的漢代畫像石或壁畫圖錄，印製品質或者不夠好，或者受開本限制，圖版大幅縮小，畫像人物身上小的佩飾和其他紋飾幾乎沒法看清楚。現在有了較好較多的圖錄出版，加上我自己這二、三十年奔走各地，親自拍攝畫像原石細節；不然，不會注意到畫像中原來

1　孫機，〈說金紫〉，《中國古輿服論叢》。此文稍詳於其 1991 年舊作《漢代物質文化資料圖說》綬條，頁 248-250；《漢代物質文化資料圖說（增訂本）》，頁 286-289。

2　阿部幸信，〈漢代における朝位と綬制について〉，《東洋學報》，82:3（2000），頁 315-337。

存在著如此豐富的綬帶資料。今天我嘗試利用壁畫和畫像石，結合文獻說明：

(1) 綬帶到底是什麼樣的東西？如何結構組成？

(2) 為什麼有學者強調它是漢代「權貴們最重要的標識」？

(3) 圖像對認識名物或印綬制度有什麼幫助？是不是也有其限制？

講座的副標題是「漢代的印綬與鞶囊」，我將鞶囊也納入討論，是因為從可視性的角度看，腰間鞶囊常彩繡虎頭，正是有看頭又搶眼的官服配件，過去的研究比較不注意，或一筆帶過，或根本不提。

一 一些鋪墊

在進入正題之前，我想先做一些鋪墊。我不知道我所謂的制度和諸位所認識或熟悉的制度是不是一樣。我把制度分成「無意中逐步形成」和「有意建構」兩種類型。具體而言就是制度既可以是「經歷長久，約定俗成，無意中逐步形成的」家族、倫理、信仰、儀式、節慶等等，也可以是「為特定需要、目的（如政治、社會、經濟、軍事、法律等），依特定權力分配關係、標準和程序（如地緣、血緣、財富、才德能力、意識形態、公民大會、議會、鄉舉里選或科舉等）而有意建構出來」的多重秩序網絡。我的意思是：不管我們活在今天，還是活在歷史上的某個時間、空間裡，我們其實都生活在多種秩序形成的交叉網絡之中，而不是在某種單一秩序裡。

為了維持或強化各種秩序和規範以及彼此之間的穩定存在與延

續，抽象的秩序和規範有時不好掌握，需要借助各種有形的符號（包括文字和非文字）而明確化或可視化。政治秩序關乎眾人，在本質上是一種眾人之間支配與被支配的權力關係，尤其需要借助有形、公開、可視的符號使得行使權力和接受權力支配的人，因符號信息的傳播、催眠、認可或無以抗拒，而處於相互接受和穩定的狀態。這樣的符號在我們生活的周遭隨處可見，大家或能覺察到或習焉不察，例如哪些人的畫像或照片可以公開懸掛，哪些不可以或曾懸掛過而又消失，它們是如此清楚地提示我們哪些人當權，哪些人不再握權或處於被支配的地位。

從封建到郡縣時代，可視性符號曾經發生了轉變，例如商周封建時代的尊、爵、列簋、列鼎等青銅禮器到了秦漢時期開始邊緣化或淡化，而有些則逐漸被強化了。我用「強化」和「淡化」這一對詞，是想強調可視性符號通常並不是在某一時間點全然消失或忽然出現，而是其分量在不同時期有了變化。衣冠、車馬、田宅、陵墓等在秦漢一統以前早就是身分和權力的象徵或符號，但進入秦漢時期以後，其符號性隨青銅禮器的淡化而顯得格外突出。例如秦漢一統，規定商人不得衣絲乘車，漢初呂后時期的律令明確規定隨二十等爵的高低可以享有大小不同的宅第。當然也有許多政治符號會隨王朝興衰或特定事件而乍現乍亡，今天暫不去說這方面。

今天講的漢代印綬和鞶囊，就是在漸變過程中，一種經有意建構以彰顯政治支配者身分和權力的政治符號。可說的很多，我想特別強調其中「顏色」和權力身分階序的關係。

到目前「顏色和身分等級階序」這一問題，在中國古代史的領

域裡，有關的材料並不算多，相關研究也少。[3]我雖然注意到了這個問題，還沒充分研究過。譬如，我們常見文獻說匹夫百姓是「布衣」，劉邦「以布衣」提三尺劍得天下，或說公孫弘「白衣為天子三公」（《史記·儒林列傳》）。漢代老百姓穿白色或青色的麻或葛布衣服，可是官僚士大夫卻穿黑色的絲織衣物，衣服不同的顏色和質料實際上區分出一個人在社會上或在某個權力階序裡所處的位置。漢代官吏一律穿以黑、赤兩色為主，所謂的「深衣」（一種上身和下身連在一起的衣服形式），頭戴文武有別的冠冕。《續漢書·輿服志》裡面有進賢冠、武冠等等，用不同的冠冕區分文官、武官以及各自身分的高低。其中最能彰顯掌權者權力和身分階序的卻是長短不一、色彩繽紛、等級又分明的印綬。

印綬是什麼呢？簡單地說，它是繫官印於官吏腰間的多彩絲帶。盛放印綬的囊袋叫「鞶囊」。因為漢印和封泥傳世和出土的都多，大家比較注意，相關討論也多。印綬能留下來的太少，鞶囊沒有實物出土，因此幾乎沒人去關注。以上是進入正題之前，我對所謂的「制度」以及我為什麼會在政治權力符號的概念下，談印綬和鞶囊的問題所做的簡單鋪墊。

---

3 曾比較系統討論綬色和秩位階序關係的要屬阿部幸信，參所著〈漢代における朝位と綬制について〉《東洋學報》82:3（2000）頁 315-337。其它如：Wang Tao（汪濤），"Shang Ritual Animals: Colour and Meaning（part 1）", *Bulletin of SOAS*, 70:2(2007), pp. 305–372, "Shang Ritual Animals: Colour and Meaning（part 2）", *Bulletin of SOAS*, 70:3（2007）. pp. 539–567.《顏色與祭祀－中國古代文化中顏色涵義探幽》（郅曉娜譯）（上海：上海古籍出版社，2013）。

二 漢印為什麼那麼小？

圖 1.1-1.2　海昏侯墓出土「劉賀」玉印及印　圖 2　海昏侯墓出土「大劉信印」，
鈕，2.13×2.13 公分　2018.12.5 作者攝印鈕。　1.76×1.76 公分　網路照片。

就政治符號的可視性來說，秦漢官印本身太不及格了，太小，小到不容易看見，非常不具可視性。2018 年 12 月初，我到南昌參觀海昏侯劉賀墓，在江西省博物館看到了墓中出土的劉賀玉印（圖 1.1-1.2）。不知大家看到這印有什麼感覺？或許會想像既然他曾是昌邑王，又曾被立為帝，被廢後仍是海昏侯，漢代一位王爺的印應該不小。如果僅看照片，沒有參照物，其實大家無法覺察到它的大小，但是另一方拿在手上的玉印「大劉信印」（圖 2），邊長 1.76 公分，有了手指當參照，大家立刻可以發現堂堂侯王的玉印原來這麼小，而前面劉賀的玉印也只有 2.13 公分，跟男性指甲蓋的大小差不多。

圖 3.1-3.2　獅子山楚王陵出土「楚司馬印」正背面，2.2×2.1 公分《大漢楚王》（北京：中國社會科學出版社，2005）。

一般來說，漢印雖有金、銀、銅、鐵、玉、石、木等質地的不同，但邊長約當漢代的一寸，2.3 公分左右。如果把這樣小的印佩戴在身上，不論金、銀、

銅、鐵，看得到嗎？應該很難看見吧。下面是一方江蘇徐州獅子山楚王陵出土的銅質「楚司馬印」（圖 3.1-3.2），印面長 2.2 公分、寬 2.1 公分，大小和剛才提到

圖 4.1-4.2　廣州南越王墓出土文帝行璽，《世界美術大全集 2》（東京：小學館，1997）。

的劉賀玉印差不多。它們上方都有所謂的鈕，鈕上有一個可以穿繫帶子的洞孔，用來繫印的帶子就是今天要談的「綬」。

　　秦漢時代不管是皇帝、諸侯王、官員的印，還是一般人的印大小都在兩公分左右，廣州南越王墓出土的「文帝行璽」金印稍大一些，3.0×3.1 公分（圖 4.1-4.2）。雲南晉寧石寨山出土的金質「滇王之印」，有 2.4×2.4 公分大小（圖 5.1-5.2）。但山東省博物館藏「關內侯印」以及陝西漢景帝陽陵出土的「太官之印」都只有 2.2 公分左右（圖 6.1-2、7）。

圖 5.1-5.2　雲南晉寧石寨山出土的滇王之印，《國家寶藏：中國國家博物館典藏精品圖錄》（北京：文物出版社，2008）。

　　　下面要給大家展示的應該是目前唯一和秦漢皇帝有關的「皇帝信璽」封泥（圖 8）。這方封泥以前由陳介祺先生收藏，現藏於東京國立博物館。印面比南越王印稍小，有 2.6×2.6 公分。東漢

圖 6.1-6.2　「關內侯印」，《山東省博物館館藏精品》（濟南：友誼出版社，2008）。

光武帝行封禪，他使用的玉璽據《續漢書・祭祀志》是「一寸二分」，約 2.7 公分餘，和「皇帝信璽」封泥大小相似。

圖 7　「太官之印」，《漢陽陵考古陳列館》（北京：文物出版社，2004）。

圖 8　「皇帝信璽」東京國立博物館編，《中國の封泥》（二玄社，1998）

　　以上這些印章的綬帶都不見了。目前還保存有印綬的印章大概只有以下這兩件：一件是長沙馬王堆漢墓出土，目前藏在湖南省博物館，妾避的印及綬（圖 9.1-9.2）；另外一件是連雲港海州雙龍村凌惠平墓出土的銅印，出土時上面繫有皮質的綬帶（圖 10），現藏連雲港市博物館。

圖 10　海州雙龍村凌惠平墓出土印綬照片，2010.7.10作者攝於連雲港市博物館。

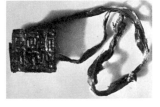

圖 9.1　長沙馬王堆長沙國丞相利倉妻避印及綬

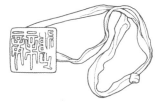

圖 9.2　孫機線描圖《漢代物質文化資料圖說（增訂本）》（2008）

　　漢代官印存世的成百上千，以上隨機取樣，簡單地介紹了漢代的官印。如果和後世的印相比，漢印共同的特點是非常小，都只有拇指般大小。為什麼這麼小？原因很簡單，因為漢代紙張還不夠普遍，印章基本上都用在極窄小長條形的竹木簡牘上，竹木簡一般長 23 至 69 公分，寬只

有一公分多（名為札）至二公分餘（名為兩行），木牘和供加封用的「檢」較寬，但木檢上的凹槽一般也只有 3 公分見方左右，印大了根本無法使用。

三 如何使用方寸之印？

怎麼用呢？和今天直接在紙上蓋印不同。秦漢的印基本上是陰文印，壓蓋在竹木簡牘、囊袋或其他形式容器須用「檢」加封的封泥上。陰文印蓋在半乾的封泥上，泥上印文就會凸起。舉個例子：湖南長沙馬王堆一號漢墓出土的竹笥上面就有一個木質「檢」，檢

圖 11　馬王堆一號墓漢墓出土竹笥上的木檢和「軑侯家丞」封泥，《漢代文物大展》圖錄（臺北：藝術家出版社，1999）

上有「軑侯家丞」印文清晰凸起的封泥（圖 11）。竹笥用繩子綁好以後，只有獲得授權的人才能夠打開它。如果沒授權，隨意打開竹笥、囊袋或其他形式容器「檢」上的封泥，封泥破損，就知道封存的內容外泄了。

下面再來看一個中央研究院歷史語言研究所藏居延出土的梯形檢（圖 12）。這種檢一般相信是用在囊袋袋口處，一頭大一頭小，一頭寬一頭窄，用繩索把檢和囊袋綁好以後，在梯形檢凹槽裡繩子之上加塊半乾的泥，再在泥上蓋印。

還有另一種方法，直接將半乾半濕的泥塊黏在寬兩公分多的簡

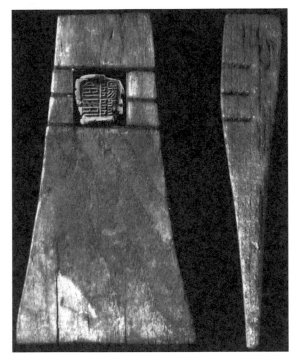

圖 12　史語所藏梯形檢正側面和「陽陵令印」封泥使用示意，《來自碧落與黃泉》（臺北：中央研究院歷史語言研究所，1998）。

圖 13.1-2　居延漢簡 282.9AB《居延漢簡-圖版之部》（1957）。

上，然後在「為信」二字之間的泥塊上加蓋印章（圖 13.1-2）。這個印無疑是當作憑證用。在簡上加蓋印章，印章不能比簡更寬。秦漢時代因此不可能有像後世邊長 5 公分以上，像豆腐乾大小，適合加蓋在紙張上的大印。

　　下面再略舉幾種檢（圖 14.1-5）。這些檢都是先用繩子將要封的東西封好，再把泥放入檢的凹槽裡，然後用印章蓋在泥上。總之，我們可以用今天信封的概念想像古人是如何使用檢和封泥來加密。當然檢和封泥可以用在比今天信封更廣泛須要加封的東西上，例如

圖 14.1-5　漢代各種封檢（自左至右：居延簡 293.5、敦煌 1468、EPT40：7、EPF22：473AB、敦煌懸泉簡）。

竹筒或囊袋。通過以上這些實例，大家應可以大致了解秦漢時代如何使用印以及為什麼印章那麼小了。

　　印章小，可視性很差，作用卻很大。秦漢以後，中國進入官僚統治的時代，而公文書是維持官僚行政運作的一個重要手段，漢代王充曾說「漢所以能制九州者，文書之力也。」（《論衡·別通》）。怎樣保持文書的權威性和真實性就顯得非常重要，主要手段就是靠印章。我在〈漢至三國公文書中的簽署〉一文中曾說過：

　　　在簡帛的時代，保證公私文書真實性和權威性的方式主要在於印
　　　章。印章是權力和身分的重要象徵。兩漢官吏有印綬者，須將有綬
　　　帶的印章佩繫在腰間皮帶上或腰旁鞶囊內，隨時備用。[4]

<hr />

4　邢義田，〈漢至三國公文書中的簽署〉，《文史》，第 3 輯（2012），頁 163-198；本書，卷二，頁 93-149。

印綬成為一種權力的象徵，佩戴印綬的人有印在手，才有權定策、蓋印和發文。兩漢文獻裡常有「解印綬」、「上印綬」或「收印綬」這樣的話，意即棄官、去官或有罪解職，也就失去了職位、權力和身分。所以印章與權力密切相關，擔任什麼官職，就有與之相應的印章；如果失去印章，身分和權力也就都沒了。從可考的封泥和簡牘公文紀錄的印文看，所鈐之印皆屬單位長官，最低也是丞或尉之類，更低層的小吏使用所謂的半通印。半通印比一般方寸之印小一半，呈長方形，就更沒有可視性可言了。

四 印章因綬帶而可視化

下面進入今天真正的主題——綬帶。以上的鋪墊只是讓大家認識到秦漢時代的印章固然重要，只有指甲蓋那麼大，不容易看見。「看不見」這一點實在不合政治符號設計的原則。印章本身受到使用上的限制，既然無法加大，怎麼使它容易被看見呢？

古人很聰明，用一條長、寬和顏色都十分誇張的大帶子繫在小小的印章之上。綬帶容易被看見，又可使人聯想到所繫的印，權力和身分也就藉綬帶而展示。孫機先生在〈說金紫〉一文中說：「在漢代的官服上，用以區別官階高低的標誌，一是文官進賢冠的梁數，二是綬的稀密、長度和彩色」。什麼是進賢冠的梁數？綬的稀密？孫先生接著說：

> 但進賢冠裝梁的展筩較窄，公侯不過裝三梁，中二千石以下至博
> 士二梁，自博士以下至小史都是一梁。每一階的跨度太大，等級分
> 的不細，因而 "以彩之粗縟異尊卑" 的綬就成為權貴們最重要的標

識了。[5]

簡單說，綬的稀密就是組織有粗簡稀疏和精細緻密之別，以此編織出稀疏和緊密的綬帶。孫機先生是一位極嚴謹的學者，他的措辭用字十分謹慎，竟然用了「最重要」這三個字，這種斷語在他的書裡很少見。學術論文裡大家常用的詞是「較重要」、「較有效」、「較好」等等，但是孫先生居然說「綬就成為權貴們最重要的標識了」。

吃驚之餘，小心考察，結果我不得不同意孫先生的觀點。為什麼「最」重要呢？因為綬帶就衣冠而言，的確最為可視。印章那麼小，頭冠上僅有一至三梁，所包含的身分區間太大，不足以比較完整、細緻地表現官員身分的階序。綬帶卻可以。

下面先講兩個故事，證明綬帶最具可視性。一個是漢代朱買臣的故事。《漢書·朱買臣傳》記載買臣拜為會稽太守後：

> 衣故衣，懷其印綬，步歸郡邸。直上計時，會稽吏方相與群飲，不視買臣。買臣入室中，守邸與共食，食且飽，少見其綬，守邸怪之，前引其綬，視其印，會稽太守章也。

這個故事告訴我們如果朱買臣穿著舊衣，把印藏在懷中，沒人知道他是會稽太守；但是一旦露出綬帶，他的身分就曝光了。

再說一個蜀守李冰的故事。《水經注》卷三十三〈江水一〉引應劭《風俗通》說：秦昭王時李冰任蜀郡太守，修都江堰。當時江神作怪，「歲取童女二人以為婦，不然，為水災」。李冰不信這個邪，想整治一下江神，故意說我獻我自己的女兒。在江邊祭神的時

5　孫機，《中國古輿服論叢》，頁 188。孫先生在前引《漢代物質文化資料圖說》綬條中說：「漢代官服上用以區別官階高下的標誌，最顯著的是綬」（頁 248），意見一貫。

候，李冰獻酒給江神，江神沒喝，他藉口「江君相輕」，發怒，

> 拔劍，忽然不見。良久，有兩蒼牛鬥於岸旁。有間，冰還。汗流，謂官屬曰：吾鬥疲極，當相助也。**若欲知我，南向腰中正白者，我綬也。**主簿乃刺殺北面者，江神遂死。（王利器，《風俗通義校注》佚文）

主簿是太守的屬官，本該認得誰是他的主子，但李冰和江神變成了兩隻相鬥的蒼牛，岸邊的屬官分辨不出來了。主簿聽從提示，從蒼牛腰間的白色辨別出乃主子腰上的白綬帶所變。這當然是個神話，不怎麼合理，但是這個神話無意中告訴我們：最容

圖 15　陝西靖邊楊橋畔新莽墓壁畫局部，《中國出土壁畫全集 6》（北京：科學出版社，2009）。

易看見和辨別的標幟就是一個官吏的綬帶。

　　李冰的白綬帶大約是什麼樣子呢？大家可以根據陝西靖邊楊橋畔新莽墓壁畫中繫有白綬帶的吏（圖 15）去想像。壁畫中的吏穿黑色官服，腰繫成環狀的白色綬帶，在黑衣的襯托下白綬帶十分突出搶眼。我覺得印綬之所以最搶眼，一方面因為它又寬又大又有多彩的花紋，另一方面正是因為漢代官員不論大小，都穿單調的黑色官服，在單調黑色的襯托下，綬不搶眼才奇怪。

　　孫機先生在前引〈說金紫〉一文中說：「原先在漢代，文官都穿黑色的衣服……《論衡・衡材篇》：『吏衣黑衣』，《獨斷》：『公卿、尚書衣皁而朝者曰朝臣』。河北望都一號漢墓壁畫中官員的服

色正是如此。」（圖 16）衣皂或衣黑衣的官員例子在漢代墓葬壁畫中有不少（圖 17-18）。

　　不過我懷疑，漢代的武官除了黑色，應也穿紅色官服。例如陝西旬邑百子村東漢末曹魏墓壁畫中的這位郭武將軍（圖 19.1-2）。圖中穿紅衣這位身旁有榜題，標明身分為將軍。很可惜，這幅壁畫保存欠佳，線條、顏色和榜題都殘脫，將軍二字尚約略可辨，郭下一字據漫漶的字形有武、民、成幾種可能。郭口將軍穿的官服顏色偏紅，和他對坐戴進賢冠的官員無疑穿黑衣，顏色明顯不同。另一可參考的例子見內蒙古和林格爾小板申東漢墓壁畫。壁畫附有很多墨寫的榜題，明確說明墓主的經歷，他「舉孝廉時」，為「繁陽令」時都被畫成著黑衣，但擔任「使持節護烏桓校尉」、「行上郡屬國都尉事」等武職時，卻被畫成著紅衣。這種現象應非偶然（圖 20.1-4）。不論如何，回到百子村墓。百子村墓的畫工沒忘記為這兩人畫出腰間花紋不同的綬帶。不管衣服是黑，是紅，只要配上了多彩花紋，長短不等的綬帶，在紅或黑單色的襯托下，綬帶很容易成為視線的焦點。

　　百石以上官員任一職，有一印，則有一綬；如果身兼多職，情況是如何呢？有同時佩兩綬或三綬，甚至六綬的。例如《漢書‧金日磾傳》提到金日磾的兒子金賞在昭帝時為奉車都尉，又因嗣為侯，佩兩綬。《漢書‧酷吏傳》記載「（楊僕）將軍請乘傳行塞，因用歸家，懷銀、黃，垂三組，誇鄉里」，顏師古注：「僕為主爵都尉，又為樓船將軍，並為將梁侯，三印，故三組也。組，印綬也」。《東觀漢記》提到東漢章帝時馬防「帶三綬」，《後漢書‧朱浮傳》引錄大司馬幽州牧朱浮給漁陽太守彭寵的書信：「豈有身帶三綬，職典大邦，而不顧恩義，生心外畔。」想想看兩、三條綬帶

圖 16　河北望都漢墓壁畫，《望都漢墓壁畫》（北京：中國古典藝術出版社，1955）。

圖 17　陝西旬邑百子村東漢末曹魏墓壁畫，《壁上丹青》（2009）。

圖 18　河南洛陽朱村漢墓墓主壁畫局部，《洛陽漢墓壁畫》（北京：文物出版社，1996）。

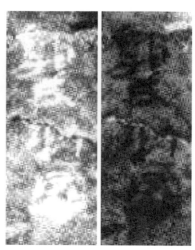

圖 19.1　陝西旬邑百子村東漢末墓壁畫局部，《壁上丹青》（2009）。

圖 19.2　榜題「郭□將軍」放大及黑白反轉。

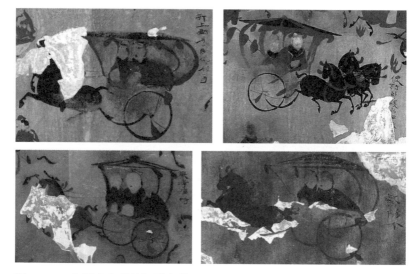

圖 20.1-4　內蒙古和林格爾壁畫墓　黑田彰、陳永志、傅寧編，《和林格爾漢墓壁畫孝子傳圖摹寫圖輯錄》（北京：文物出版社，2015）。

如何佩法？如果想像不出，請看嘉祥武氏祠這幅佩三綬的畫像，漢人想像中的周公腰上就佩著並排三綬（圖21.1-2）。腰佩一綬已經夠搶眼（圖22.1-2），三綬必然更繽紛多彩，眩人眼目，不僅可誇同僚，更足誇示鄉里。漢代佩印最多的要數漢武帝時代的方士五利將軍欒大。據《史記‧封禪書》說他數月之間，「佩六印」，這該是何等模樣？不用說，綬帶的可

圖21.1-2　山東武氏祠畫像局部及孫機線描圖，《漢代物質文化資料圖說（增訂本）》（2008）。

視和誇示性在欒大身上必曾發揮了最大的效益，或許只有傳說中佩六國相印的蘇秦，可和他相比吧。

圖22.1　天理參考館藏，汶上孫家村畫像局部，天理參考館提供照片1992。

圖22.2　彩色復原示意圖，作者繪。

五 可視兼誇示的鞶囊、綬囊與綬笥

盛綬的「鞶囊」是什麼東西呢？以上我們看到的綬帶都很長，而且都是展露出來的，但是有時候綬帶也會收在囊袋裡或僅露出帶子的一部分，繫於腰間。用來盛綬帶的袋子就叫「鞶囊」。山東沂南北寨漢墓曾出土過這樣的畫像，武士腰間繫著鞶囊。鞶囊上繡有虎頭（圖 23.1-24.2）。安徽亳縣九里鄉董圓村出土的武士畫像腰際出現由成堆圓圈構成圖飾的鞶囊（圖24.3）。《晉書・輿服志》：「鞶，古制也。漢世著鞶囊者，側在腰間，或謂之旁囊，或謂之綬囊。然則以紫囊盛綬也。或盛或散，各有其時。」

關於鞶囊，《隋書・禮儀志》和《太平御覽》都輯錄了不少資料。[6]這裡僅僅想說武士腰間佩上一個繡有虎頭的綬囊，從實用的角度看，是將原本散出環繞幾圈的綬帶收入囊內，以方便武士揮舞刀劍，不受牽絆；從可視和誇示的角度看，則無疑在藉可視度高的囊袋，彩繡或織上老虎，以彰顯武士勇猛如虎。《太平御覽》卷六九一〈鞶囊〉條，引《東觀漢記》說：「鄧遵破諸羌，詔賜遵金剛鮮卑緄帶一具、虎頭鞶囊一」。可見虎頭鞶囊非一般，它被用來獎賞勇猛有功的戰士。金剛鮮卑緄帶又是什麼？後面再交待。

在江蘇連雲港市尹灣西漢一位功曹史的墓葬中，曾出土木牘遣冊或陪葬品清單，其上有所謂的「板旁橐」（圖 25.1-2）。橐是一種囊袋，板旁橐是一種繫在腰間身側，盛裝簡牘文書的囊袋。[7]可惜

---

6 《隋書・禮儀志》謂鞶囊有獸頭和獸爪鞶兩大類，又隨官品有金、銀、銅、采縷之分，無印綬者不佩鞶囊及爪。

7 馬怡，〈一個漢代郡吏和他的書囊〉，《中國社會科學院歷史研究所學刊》，9（2015），頁 101-132。

圖 23.1-2　山東
沂南北寨漢墓畫
像石

孫機，《漢代物質文
化資料圖說（增訂
本）》（2008）。

圖 24.1　臨沂北寨
漢墓畫像

圖 24.2　孫機，《漢代
物質文化資料圖說
（增訂本）》（2008）。

圖 24.3　《中國畫像石全集
四》安徽亳縣九里鄉董圓村
畫像經反白處理。

圖 25.1-2　江蘇連
雲港尹灣西漢六號
墓出土遣冊及局
部，《尹灣漢墓簡
牘》（北京：中華
書局，1997）。

圖 26.1.　山東青島土山屯「琅琊堂邑
令劉賜衣物名」所列「綬司」，復旦大
學出土文獻與古文字研究中心網。

圖 26.2.　山東青島土山屯「琅琊堂邑令
劉賜衣物名」所列「綬印衣一具」，復旦
大學出土文獻與古文字研究中心網。

墓中沒有出土相應的囊袋，或有而朽爛，不知其裝飾為何。否則我們可以想像武吏腰佩虎頭囊，像功曹史這樣的文官佩著盛裝簡牘文書的囊袋，恰可彰顯文武官員不同的身分、職能和權力。

接著要稍提同樣具誇示性的綬笥。2018 年山東青島土山屯西漢琅邪郡堂邑令劉賜墓出土了一件木牘「琅邪堂邑令劉賜衣物名」，通常也叫「衣物疏」，記載陪葬物品，其中提到了「綬司（笥）一」（圖 26.1）。所謂綬笥，是用來存放綬帶的竹箱子。這個陪葬的竹箱當然不會僅是個空箱，原本應放滿了墓主身前佩戴過的各種綬帶。另外還提到了「綬印衣一具」（圖 26.2），[8]這一物品不見於傳世文獻。「衣」指什麼？是包裹或遮蓋綬和印的織物嗎？還待研究。

總而言之，我要說的是，漢代官員離任時必須繳回官印，綬帶則視情況有些須繳回，有些可以自己保留。[9]曹操有這麼一個故事，他為拉攏呂布，曾寫信給呂布說：「國家無好金，孤自取家好金，更相為作印；國家無紫綬，自取所帶紫綬以藉心。」意思是說，漢家天子沒有好印好綬給你，我曹操有好印好綬可以給你，他用這種

---

8 青島市文物保護考古研究所、黃島區博物館，〈山東青島土山屯墓群四號封土與墓葬的發掘〉《考古學報》3（2019），頁405-459。

9 據《晉書‧輿服志》：「假印不假綬者，不得佩綬也」，似乎有時頒印卻不給綬帶。這是漢制或晉制？不明。又據敦煌懸泉簡，則印和綬似乎都須上繳。敦煌懸泉簡VT13113:294：「上印綬，謹牒書印章謂上御史府，請為更刻，移中二千☐相布告屬縣官，毋聽亡印，如律令，敢言之」，又簡 IIT0.153:318：「☐令史周生宗上印綬御史府，從者一人，凡二人，人再食，食三升，束」。簡文中雖說「上印綬」，但後文僅提「印章」，又說「毋聽亡印」，不及綬，則綬是否可自留？仍不十分明確，猶待考證。參張俊民，〈懸泉漢簡所見人名綜述（四）——以敦煌太守人名為中心的考察〉，收入《簡牘學論稿—聚沙篇》（蘭州：甘肅教育出版社，2014），頁384。

方法拉攏呂布。可見他手頭有自己用過的紫綬可供贈送，其遺囑也可證明他確實藏有不少綬帶。曹操以主張薄葬著名，但據說他臨終，特別囑咐將他一生佩戴過的印綬納入墓中陪葬。[10]這些印綬想必要先裝在箱子裡。以成箱印綬陪葬的習慣很可能最少自西漢末琅琊令劉賜一直沿續到東漢末年。無獨有偶，和曹操時代相近的河南洛陽西朱村曹氏大墓和曹操墓一樣，曾出土大量標示陪葬品的石牌或石楬。[11]其中有一件石楬上銘刻著「朱綬文綬囊一，八十首朱綬、九采衮帶、金鮮卑頭自副」（圖27）。這裡明確提到有朱綬紋的綬囊、八十首朱色的綬帶、九采衮帶和金鮮卑頭。這顯然是一套東西。「朱綬文綬囊一」一句可有多種斷句和理解，不易確定。[12]八十首綬帶按文獻應是黑綬，不知是制度有變或其他原因，居然也有朱色的。衮帶即腰帶，九采應是繡或織成的，其光鮮奪目可以想見。「鮮卑頭」是什麼？傳世文獻裡有記載，而且也有實物。例如上海博物館藏有西晉鮮卑頭，背面有銘文「白玉衮帶鮮卑頭」（圖28），類似於今天的皮帶頭。古書中有好幾種不同的名稱，指的是同一東西。譬如《楚辭·大招》：「小腰秀頭若鮮卑只」，王逸注：「鮮卑，

10　《太平御覽》卷六八二引陸機《吊魏武》曰：「今為著作郎，游秘閣，見魏武遺令云：『吾衣裳可為一藏，曆官所著者綬，內藏中。』」

11　關於石牌的性質可參趙超，〈洛陽西朱村曹魏大墓出土石牌定名與墓主身份補證〉《博物院》5（2019），頁 29-36。這一期另有李零等人相關論文，皆可參。

12　李零斷句作「朱綬、文綬囊，一八/十首朱綬」。他提醒「一八十首朱綬，或指一百八十條朱綬，或指每囊八十條朱綬，含義不太明白。」誠然不太明白。《續漢書·輿服志》言綬有「百八十首」者，但不作「一八十」。漢代習慣一百書作百，少見「百八十」作「一八十」。又八十首非八十條，「首」之義見前文引《漢官儀》及孫機先生說。《輿服志》百八十首者為紫綬，非朱綬，其制不同，待考。參見李零，〈洛陽西朱村曹魏大墓出土石牌定名與墓主身份補證〉《博物院》5（2019），頁 11。

衰帶頭也」。這裡
特別請大家注意的
是綬囊和八十首朱
綬。這個綬囊應明
明是用來盛裝綬帶
的。前引《太平御
覽》卷六九一〈鞶
囊〉條引《東觀漢
記》提到詔賜鄧遵
「金剛鮮卑緄帶一
具」。金剛鮮卑應
該就是金鮮卑頭，緄帶即衰帶。

圖27　河南洛陽西朱
村曹氏大墓出土石牌，
網路照片。

圖28　上海博物館藏西晉白玉衰
帶鮮卑頭拓本及釋文，網路照
片。

　　從以上這些故事和出土實物可以知道，兩漢人們對印和綬這樣
的身分權力符號重視到什麼程度。士大夫儒生只要做官，不免調
遷，幾次之後就可積下若干綬帶；臨終將葬，這些綬帶長長短短，
青黃紫綠地放在一起，就成為墓主一生功業最好的證明，最足誇耀
的勳章。這是為什麼陪葬品清單中會有盛綬的綬笥。為了生後虛
榮，西漢中期以後更興起了追贈官爵和印綬的風氣，阿部幸信已作
過系統的研究，這裡不去多說。[13]

13　阿部幸信，〈漢代における印綬の追贈〉，《東方學》，101（2000），頁 1-15；〈漢
　　代における印綬の追贈付表訂補〉，《福岡教育大學紀要》，54:2（2005），頁（1）-
　　（5）。

六 印綬形制

綬帶是怎樣的東西呢？以下簡單介紹一下漢代綬帶長短、顏色等方面的形制。關於綬的形制，有很多記載，可能因時代不同，制度發生變化，也可能因傳抄致誤，傳世文獻出入很大，矛盾很多，至今還沒什麼出土文獻有助於釐清，我感覺這個問題目前像個泥坑，沒法完全弄清楚。[14]以下僅能大致說說。

秦漢的綬帶是用絲織品做成的。據《續漢書·輿服志》，皇帝綬長二丈九尺九寸（6.88 公尺，另有二丈三尺，二丈九尺不同記載）、諸侯王綬長二丈一尺（4.83 公尺）、公侯將軍綬長一丈七尺（3.91 公尺），以下各有差等，最低百石吏綬長一丈二尺（2.76 公尺），寬度都是一尺六寸，也就是 36.8 公分左右。孫機先生說綬「應為多重組織，即是包含若干層裡經的提花織物」。我不懂紡織，不太明白這話的意思。猜想多重組織大概是指綬帶不是由單層的經絲而是將若干層的經絲分層組織在一起，並以提花的方法，織出花紋來。依我猜想，綬帶的樣子有點像今天較寬大、厚實，有不同底色，又以多種有色絲線織成不同花紋的花錦帶子。

時代較早的記載除了漢末應劭的《漢官儀》，還有漢末三國董巴的《輿服志》。《初學記》卷二十六〈器物部〉引董巴《輿服志》說：

> 乘輿黃赤綬，五采：黃、赤、縹、紺，淳黃圭，長二丈九尺，五百首。

---

14 曾試圖梳理相關文獻中時代、顏色、資料和文字描述矛盾的日本學者阿部幸信也深感這件工作的困難，參阿部幸信，〈漢代印製·綬制に關する基礎的考察〉，《史料批判研究》，3（1999），頁 1-27；〈漢代における綬制と正統觀──綬の規格と理念的背景を中心に〉，《福岡教育大學紀要》，52:2（2003），頁 1-18。

「乘輿」即皇帝，皇帝佩戴的綬帶是以黃中帶紅的顏色為底色，其上有五種顏色織成的紋飾，但記載中實際僅列了黃、赤、縹（青中帶白）、紺（紅中帶白）四種。今本孫星衍校的《漢官儀》也說五采，所列為「白羽、青、絳、綠」，差異很大。《續漢書‧輿服志》注引《漢舊儀》又說皇帝綬六采，是制度有變化或傳抄有誤，到底是四、五或六采，一團亂。總之，《續漢書‧輿服志》和《太平御覽》卷六八二抄纂前人記載，注意到數字的出入，都將乘輿綬五采改成了四采。但下皇帝一等的諸侯王也用四采，為何皇帝不高一、二等用五或六采？很不好解釋。西漢武帝、王莽和東漢明帝等都曾改變過制度，傳世文獻所記時代難分先後，再加上傳抄出入，今天恐怕誰也沒法說清楚了。

　　「淳黃圭」的「淳」即「純」，在不同版本中，有時淳就寫成純，指顏色單一。淳黃圭的「圭」應如何理解？少有人解釋，令人困惑。孫機先生沒有解釋。日本學者原田淑人和林巳奈夫對董巴《輿服志》、《續漢書‧輿服志》和《北堂書鈔》〈儀飾部〉引《漢官儀》「凡先合單紡為一系（絲），四系（絲）為一扶，五扶為一首，五首成一文，文采純為一圭」這一段作了疏解。主要認為「五首成一文」的「一文」如同一系（絲）、一扶、一首，是單位詞，也是文樣單位。純為純粹之純，「文采純」指色彩單一的「底色」或「基調色」，凡單一色的文樣單位稱為一圭。[15]

　　可是這一段有版本校勘問題。有些版本如《初學記》、《北堂

15　阿部幸信引原田淑人和林巳奈夫之說，認為淳即純，也認為是指純粹單一之「地色」或「基調色」。參前引〈漢代における綬制と正統觀──綬の規格と理念的背景を中心に〉，頁2。又參林巳奈夫，《漢代の文物》（京都：京都大學人文科學研究所，1976），頁100-101。

書鈔》、《太平御覽》所引「文采純為一圭」有「一」字，孫星衍校集《漢官儀》則沒有「一」字，作「文采純為圭」（中華書局四部備要《漢官六種》本）。《北堂書鈔》卷一三一〈儀飾部下〉引董巴《輿服志》乘輿綬「純黃圭」，引應劭《漢官》九卿、二千石綬「純青圭」，公侯、將軍綬「紫圭」，「圭」字前都沒有「一」字。我猜想孫星衍大概是注意到既然存在「青圭」、「黃圭」、「紫圭」，如此圭就和一絲、一扶、一首或一文不同，不應是單位詞，因而刪去「一圭」的「一」字。孫星衍的校勘或《漢官六種》本雖然不能排除有誤，但我覺得一圭的一字有可能是隨前文一絲，一扶，一首，一文而衍，孫星衍刪一字，有其道理。

這裡所說的圭既不是單位詞，[16]也不是文樣單位，應是指綬帶兩端圭形的部分。綬帶通體隨官秩高下有多彩織紋，但綬帶兩端容易露出來，或許為了更為醒目和容易辨別身分，改用單一的黃、青、紫、綠、赤等顏色（參圖 22.2），因此單色圭形的兩端特名之為圭。

如果看看漢世留下的大量石刻畫像和壁畫，或許就可以明白。漢世畫像石和壁畫刻畫了非常多的官吏，不少也刻畫了他們所佩的綬帶。綬帶末端常呈斜尖形，很像古代禮器玉、石圭首的形狀。目前能證明綬帶兩端呈圭形的，可以山東微山出土和河南安陽原本或出自曹操墓的「咸陽令」畫像為例（圖 29-30）。這幅咸陽令畫像，我們後面還要再談，請大家先注意微山畫像和咸陽令所佩綬帶兩末端都呈斜圭尖形，而且圭部有兩道橫向弧形的紋飾。只可惜原彩脫失，現在只見其紋，不見其彩。為什麼畫像上綬帶末端的圭形似乎

16　古代「圭」可以是單位詞，參《漢書·律曆志》注引應劭和孟康，可是不適用於此。

向一側傾斜，而不完全像圭形禮器的兩斜面斜向中央尖端？我想這是因為視角的關係。絲織的綬帶佩在身側，從某一角度觀看，其末端圭形不免像是向某一面傾斜，僅能看到斜面的一側而呈單尖形了。綬帶末端呈真正圭形的也有一例，見山東省博物館藏嘉祥宋山畫像石（圖 31）。畫像中的主人側身跪坐，身側腰間露出綬帶的兩端，其中一端正面朝前，紋飾刻畫清晰，呈現兩個相對單尖，合成一個斜面大致對稱，尖在中央的圭形，其圭形可和例如秦代西垂陵區和南昌宣帝時期海昏侯墓出土的石、玉圭相對照（圖 32.1-2）。宋山畫像綬帶在圭形的部分有長條豎紋，還有略呈半圓弧或由兩半圓弧構成的波浪狀橫紋。這些紋飾和圖 28、29、42 至 44 等綬帶末端上的紋飾都相當類似。由此或可推斷圭部紋飾如此相近，應該是當時的人都相當熟悉綬帶末端的樣子，刻畫出來的也就不會相差太遠。宋山畫像綬帶另一末端刻畫地較小，也較草率。當然還有更草率，僅略具形式，對掌握綬帶形制幫助就不大了。

董巴《輿服志》或《續漢書・輿服志》說的「五百首」又是什麼？這是說綬帶所用經線絲縷的密度。「首」是單位詞，一首二十絲；織造皇帝的綬帶需用最細的絲縷，五百首依孫機所說，也就是一萬根經絲。絲細又密，織出來的花紋當然較為精美。由於記載歧異太多，這裡暫以《續漢書・輿服志》為準，列舉一下除了皇帝，大小官員的綬帶之制：

諸侯王赤綬，四采：赤、黃、縹、紺，淳赤圭，長二丈一尺，三百首。

諸國貴人、相國皆綠綬，三采：綠、紫、紺，淳綠圭，長二丈一尺，二百四十首。

公、侯、將軍紫綬，二〔三？〕采：紫、白，淳紫圭，長丈七

圖 29 山東微山出土畫像局部　2010.7.7　圖 30 或出自安陽曹操墓畫像原石照片局部
作者攝　　　　　　　　　　　　　　　馬怡提供

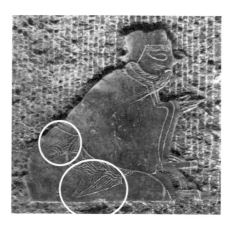

圖 31　山東省博物館藏　嘉祥宋山畫像　　圖 32.1　秦石　　圖 32.2　海昏侯墓
石局部　2010.6.30 作者攝　　　　　　　圭《秦西陲陵　　出土玉圭《文物》
　　　　　　　　　　　　　　　　　　　區》（2004）　　11（2018）

尺，百八十首。

九卿、中二千石、二千石青綬，三采：青、白、紅，淳青圭，長
丈七尺，百二十首。

千石、六百石黑綬，三采：青、赤、紺，淳青圭，長丈六尺，八
十首

四百石、三百石、二百石黃綬，淳黃圭，一采，長丈五尺，六十首

百石青紺綸（綬），一采，宛轉繆織，長丈二尺

大體來說身分越高，綬的長度越長，色彩越多，絲縷和織造也
越細密；身分越低的就等而降之。

《續漢書・輿服志》又提到：

自青綬以上，緓皆長三尺二寸，與綬同采而首半之。

自黑綬以下，緓皆長三尺，與綬同采而首半之。

如果顏色是為了彰顯身分，為什麼會用青、黑如此暗淡的顏色？我
的理解是青、黑都是指底色，並不表示綬僅有青或黑色，而是底色
上還有其他色彩的花紋。青綬像前引《輿服志》所說，有青、白、
紅三彩花紋；黑綬則有青、赤、紺三彩。暗淡的底色反而可以襯託
出花紋色彩，更加奪目。

什麼是「緓」？後世注家的說法不一，往往令人一頭霧水。唐
宋以後，綬制跟前代已經頗不相同，注家們對前代之制常常只能猜
想。所謂緓，據文獻和圖像資料看，是從古代繫佩玉的璲（璲）變
來，秦以後應指自腰帶垂下的一段織帶，用以連接綬帶。漢制則緓
和綬同色，但是否同寬窄，文獻失載。緓的長度自青綬以上長三尺
二寸（約 73.6 公分），黑綬以下則僅長三尺（約 69 公分），而且經絲
密度僅為綬的一半。從圖像資料看，緓和綬之間有時用一環相連，
有時又沒有，我們後面還要談到。

關鍵問題是綟、綬如何和印相連？印又出現在腰間什麼位置？如何放置？文獻和圖像資料迄今兩缺，仍然無法說清楚，非常可惜。我雖力主利用圖像說明名物制度，可是印不論金銀，確實太小，漢世的石工畫匠在刻或畫官員人物時，無疑刻畫了他們看得見的綬帶，印太小，不容易看見，就略而不刻不畫了。

不過，也曾有學者以徐州北洞山楚王陵出土彩繪有郎中、中郎題銘的陶俑為證，試圖說明綬帶之制有一發展過程，漢初綬制尚未固定成系統，後來才逐步完善，認為郎中或中郎陶俑身側佩掛的長方形物是半通印，又認為這個半通印不是繫於身前下腹正中的組或綬帶，而是繫在身側另一條較細的絲帶，這條較細的才叫綟（圖33.1-2）。因此綟、綬原本一度並不像文獻所說彼此相迎逆或相維繫，[17]二者雖相干，卻是粗細和所處位置都不同的兩條帶子，相繫連是後來的發展。[18]

綬帶制度我相信確實有一個發展過程。[19]但北洞山楚王陵陶俑身側所佩雖有郎中或中郎二字，是不是半通印呢？卻很成問題。自從湖北江陵張家山西漢初年一大批《二年律令》簡出土，尤其是其中〈秩律〉簡經過專家深入研究後，今天對漢初職官制度的認識有了長足的進步。這裡關切的，也是關鍵點：閻步克在他那篇大作

17　例如《說文》：「綟，綬維也」；《急就篇》顏師古注：「綟者，綬之系也，言其迎逆也。」

18　最早提出半通印說的是北洞山漢墓報告的寫作者，參徐州博物館、南京大學歷史學系考古專業編，《徐州北洞山西漢楚王墓》（北京：文物出版社，2003），頁99；王方承用半通印說而有進一步討論，參王方，〈徐州北洞山漢墓陶俑佩綬考——兼論秦漢印綬之制〉，《中國國家博物館館刊》，8（2015），頁32-43。

19　阿部幸信，〈漢代印製‧綬制に關する基礎的考察〉，《史料批判研究》，3（1999），頁1-27。

圖 33.1　北洞山陶俑及局部　　　　圖 33.2　北洞山陶俑及局部，《徐州北洞山西
　　　　　　　　　　　　　　　　　　漢楚王墓》（北京：文物出版社，2003）。

〈《二年律令》中的「宦皇帝者」〉中明確指出郎中和中郎在漢初根
本不是「吏」，而是「非吏」，為皇帝近侍，沒俸、沒秩、沒印。[20]
他在論「比秩」時，曾總結性的說道：

> 「吏」有秩級而「宦皇帝者」無秩級，也如「吏」有印而「宦皇
> 帝者」無印一樣。凡吏秩比二千石以上，皆銀印青綬；秩比六百石
> 以上，皆銅印黑綬；大夫、博士、謁者、郎官，則無印綬。印章是
> 「吏」行使權力的憑證。治事，有官屬，就有印；哪怕那印綬卑微
> 到了「五兩之縑，半通之銅」的程度；不治事而無官屬，就無印。
> 大夫、博士、謁者、郎官、舍人無印，是因為他們「非吏」，不治
> 事。[21]

閻先生說的有理，幾無可辯。漢初諸侯王國雖頗獨立，唯王國制多

20　閻步克，〈《二年律令》中的「宦皇帝者」〉，《從爵本位到官本位》（北京：三聯
　　書店，2009），頁 377-392。
21　閻步克，〈「比秩」的性格、功能與意義〉，《從爵本位到官本位》，頁 442。

同漢制，王國郎官為王之近
侍非吏的性質幾乎不可能有
大不同。果如此，楚王的郎
中和中郎很可能根本無
印！[22]

圖 34.1-2　秦始皇陪葬坑文官俑及局部，陝西
歷史博物館 2011.9.2 作者攝。

那麼，北洞山楚王陵陶
俑身側用細帶繫著的長方形
物是什麼呢？似乎有兩個可
能：第一，它有點像秦始皇陵陪葬坑出土文官俑身側腰間所佩的長
方形砥石（圖 34.1-2）。最少從形狀、位置和大小比例看，不無可
能。但楚王陵陶俑不少手持武器（按：從俑雙手姿勢可知朽失的武器或
為戟），身前佩長劍，背後有箭箙，並不像文官俑在身側砥石旁同
時佩一把書刀或削刀。又如果是砥石，在其上標寫郎中或中郎字
樣，不能不說有些突兀。因此長方形之物是不是砥石仍有疑問。

另外還有一個可能。既然郎如同衛士，宿衛宮殿，我猜測出入
宮門應有表明身分的符牌之類為憑證。楚王陵郎中或中郎陶俑身側
佩掛的會不會是一種出入憑證呢？因此其上有標明身分「郎中」或
「中郎」的字樣。秦代就有郎中宿衛宮闈，[23]其宿衛和出入，必有管

22　另一旁證是迄今我們在出土或傳世的印或封泥中從不見有郎中或中郎的印，參趙
　　平安，《秦西漢印章研究》（上海：上海古籍出版社，2012）附表。王方先生承認
　　漢初郎並不佩印綬，但試圖從彩繪儀衛俑呈現的漢初王國制度「毫無規律可言」，
　　「似乎表明綬帶形態與佩綬者的身份等級沒有直接關係」去作解釋。參王方前引文
　　頁 37。

23　秦及漢初郎中和中郎之制參嚴耕望，〈秦漢郎吏制度考〉，《嚴耕望史學論文選集》
　　（北京：中華書局，2006），頁 283-338。

制，如何管制無可考。唯從後世漢制看，郎中或中郎應和其他某些得出入宮闈者一樣有名籍和符。孫星衍輯胡廣《漢官解詁》說：

> 衛尉主宮闕之內，衛士于垣下為廬，各有員部。居宮中者皆施籍於門，案其姓名，若有醫、巫、傃人當入者，本官長吏為封啟（棨）傳，審其印信，然後內之。人未定又有籍，皆復有符，符用木長二寸（按：約 4.6 公分），以當所屬兩字（按：郎中或中郎屬郎中令，符上唯署郎中或中郎兩字）為鐵印，亦太卿炙符，當出入者案籍畢，後齒符乃引內之也。

可見得出入宮門者或有名籍備查，有些用棨傳，有些隨身攜帶可供驗明身分的符信。郎中和中郎宿衛的是比衛尉所掌，更為內層未央宮的宮殿門戶，[24] 門禁必更嚴，宿衛者本身也受管制，其有名籍和符信之類憑證都不難想見。陶俑身側所佩長方形者從大小和形狀看，或即烙印有「郎中」或「中郎」二字的二寸木符而不是僅大半寸的半通印。漢代西北邊塞曾出土不少漢世的六寸出入木符，其形長方，底端有可供繫繩的孔，所謂二寸木符的形制應相似而較短，只有三分之一大小，唯可能兩端都有孔，以便上下繫帶（圖 35.1-2）。又符邊緣本應有齒，可惜齒太細小，俑身所畫又僅為示意，因此沒了細節。敦煌酥油土漢隧遺址曾出土一件有字木質「驚候符」（圖 36），長 14.5 公分，寬 1.2 公分，符右一

圖 35.1-2　居延簡 65.7 六寸符及二寸符示意圖

24　參廖伯源，〈西漢皇宮宿衛警備雜考〉，《歷史與制度》（香港：香港教育圖書公司，1997），頁 1-35。

端有刻齒，下端有一孔，穿有一黃絹繩，殘長 7.5 公分，原出土報告推測「顯係佩帶用的，…乃隧卒候望報警時所佩用之符。」[25]14.5 公分約當漢六寸。我想這件保留有原絹繩或帶，佩戴用的六寸木符或可幫助我們想像郎中和中郎佩於身側的符。[26]符用於佩戴的另外一個旁證是嶽麓書院藏秦簡有《奔敬（警）律》曰：「先糳黔首當奔敬（警）者，為五寸符，人一，右在〔縣官〕，左在黔首，黔首佩之，節（即）奔敬（警）。諸挾符者皆奔敬（警）故」。可見秦黔首為奔警者，有身佩五寸符以辨身份之制。此制當為漢代所承襲。

如果漢初郎中、中郎不佩印，楚國與漢朝這方面制度又無大異，楚王陵陶俑身側所繫的細帶就不是綬或印綬，而是某種繫符的絹絲帶子罷了。陶俑身前佩有長劍，劍有劍鞘，背上有箭箙，為繫牢劍鞘和箭箙，身上前後露出各種各樣的繫帶，繫符的應同屬這一類帶子。河南畫像石有一個旁證。河南鄧縣曾出土一件頭戴鶡尾冠，手持笏，身前佩長劍的武吏畫像石（圖37），其腹前正中用來繫佩劍的帶子，其形和北洞山郎中俑腹下中央出現的帶子相當類似，但武吏身側明顯另有環繞了兩圈並有環的印綬，可見腹下中央的不是印綬，較可能是繫佩劍的帶子。

圖36　敦煌酥油土出土驚候符　《玉門關漢簡》彩版

25　敦煌縣文化館，〈敦煌酥油土漢代烽燧遺址出土的木簡〉收入甘肅省文物工作隊、甘肅省博物館編，《漢簡研究文集》（蘭州：甘肅人民出版社，1994），頁 5。

26　《嶽麓書院藏秦簡（肆）》（上海：上海辭書出版社，2015）〈奔敬（警）律〉（1252 正-177 正）。

圖 37　河南
鄧縣畫像石，
《河南漢代畫
像磚》（上海：
上海人民出版
社，1985）。

圖 38.1　成都墓門畫像
石

圖 38.2　《益州漢畫
集》，圖 70 及局部。

　　衛士身側繫著烙印文字的符信也有個旁證。魯德福（Richard C.
Rudolph）和閏宥所編《益州漢畫集》（*Han Tomb Art of West China*,
University of California Press,1951）著錄有一件成都附近出土墓門
畫像石上有一佩劍持戟門衛（圖 38.1-2），身側除有清晰的削刀，還
刻畫有一形體不小，帶題銘的方形物。方形中明確有四字，楊聯陞
先生曾釋作「詔所名捕」，籾山明教授和我不約而同也都這樣釋
讀。[27]2019 年 3 月 1 日我有機會向前來史語所訪問的籾山教授討

27　「詔所名捕」是傳世和出土文獻中常見的術語，指詔書特別要追捕的要犯。籾山
　　明教授和我不謀而合，也認為是「詔所名捕」四字。但為何棨信上出現的不是如同
　　「張掖都尉」這樣的職官名號？又墓門上為何會出現這樣的門衛？仍不無疑問。籾
　　山教授回日本後在 2019.3.5 的電郵中告知楊聯陞先生六十多年前在《益州漢畫集》
　　的書評中早已釋出「詔所名捕」四字（*Harvard Journal of Asiatic Studies*, vol.14,
　　1951, pp. 665-667）。籾山說：「我還是認為方形物是一張棨信。肩水金關遺址出土

教。他指出方形物應是棨信，與 1973 至 1974 年居延出土長 21，寬 16 公分方形紅色織物「張掖都尉棨信」同類（圖 39）。我因而想到《漢官解詁》說的棨傳。但《漢官解詁》明確說棨傳供「醫、巫、儌人當入者」使用，又楚王陵郎中和中郎俑身側佩繫的為長方形而非方形，長方形的也是棨信嗎？是漢初的棨信到西漢中期變成方形？或棨信本來可有方和長方等等不同的形制？我說的長方二寸木符、驚候六寸符或奔警五寸符也是一種憑證，和棨信功用相似，也佩在身側。究竟如何？仍然需要進一步研究。[28]

圖 39　張掖都尉棨信，16×21 公分，《甘肅文物精華》（北京：文物出版社，2006）。

言歸正傳，下面看一些漢代畫像中的印綬，以便大家對印綬有一些直觀的感受，明白印綬如何被「再現」出來。四十多年前，林巳奈夫先生在《漢代の文物》（1976）這本書裡，曾據畫像作了綬帶的線描圖。他描繪的綬帶特徵大致可分兩類，有呈多重環形，也有綬末呈尖形的，並舉出若干例子如下（圖40）：

的織物「張掖都尉棨信」，長 21、寬 16 厘米，尺寸恰合墓門人物（我沒有定見他是什麼人）佩帶的。他帶棨信來開關墓門、嚴加門禁，準備逮捕犯禁者。」我覺得墓門上刻畫這樣一位人物，其作用似和漢世墓門或墓門旁常刻畫的守衛武士或龍虎等神獸一樣，扮演著守護墓和死者，抵禦入侵者的作用。凡入侵者即加逮捕，其不同在於或訴諸神靈，或訴諸人世間的力量。

28　湖北荊州市胡家草場西漢墓 M12 出土簡牘中據報導有一組衛官令，是關於「官吏出入宮殿、司馬門等處的儀態、著裝及在殿中的舉止規範，出入宮門者所用的憑證，宮門守衛人員的編制及其所用兵器等。」具體內容尚未公佈，其中出入宮門的憑證為何，令人關注。參李志芳、蔣魯敬，〈湖北荊州市胡家草場西漢墓 M12 出土簡牘概述〉，《考古》2（2020）。

圖 40　林巳奈夫，《漢代の文物》中的印綬線描圖。

圖 41　山東長清孝堂山石祠周公輔成王，
《孝堂山石祠》（北京：文物出版社，
2017）。

圖 42　北京故宮藏山東嘉祥蔡氏
園畫像石局部 2018.12.5 作者攝

林先生幾十年前能看到的較有限，現在的資料要豐富多了。下面依外形特徵，再舉些例子（圖 41-49）：

首先，我必須指出漢代綬帶原本有不同的花紋織法（例如有一種可考的織紋稱之為「丙丁文（紋）」），畫像石、壁畫或彩繪陶俑都並不那麼寫實，很多只是示意性質，所以從制度研究的要求上講，這些圖像中綬帶的外形不夠準確，也不一定完整，我們需要多方綜合判斷，才能見其大概。例如前舉綬帶的刻法，圖 41 的綬帶僅刻畫了外形，一無花紋細節；圖 42 至圖 49 的卻刻出格子般或有縱有橫有斜紋的紋飾，這些紋飾雖不無根據，但也受當時雕刻技法和習慣的制約，示意為主，並不一定完全準確。還要指出，漢代的畫像石原本上彩，可惜現在彩色絕大部分都脫落了。只有壁畫和彩繪陶俑還留下或多或少未脫盡的色彩。

圖 43　山東省石刻藝術博物館藏石局部

圖 44　山東省石刻藝術博物館藏石局部，1998.7.29 作者攝。

圖 45　孫機，《漢代物質文化資料圖說》（1991）。

圖 46　山東省石刻藝術博物館藏畫像石局部，作者線描圖。

上面展示的圖像和線描圖，佩戴綬帶的人形態各異，有站、有跪等不同姿勢，但所佩的綬帶環繞多重，基本上呈彎轉的圓弧形並（或）露出綬帶的一端（圖 41-46）。下面再來看幾件末端呈圭尖形的綬帶（圖 47-49）：

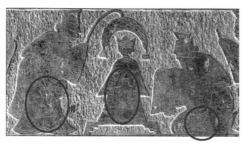

圖 47　山東省博物館藏，山東嘉祥畫像石局部 1998.7.29 作者攝。

圖 48　武氏祠完璧歸趙畫像陳志農線描圖，《山東漢畫像石滙編》（濟南：山東畫報出版社，2012）。

圖 49　河南安陽曹操墓畫像石局部，2012.8.9 作者攝自潘偉斌提供拓本。

以上幾件畫像所呈現的綬帶形制特點不在綬帶環繞多重而在其末端呈向一端傾斜的尖形，其上有橫豎相間或斜向的花紋。我認為呈現上雖不同，但它們應不是不同類的綬帶。綜合來看，綬帶很長，動則兩三公尺以上，因此佩戴時需要盤繞幾圈；綬越長，越須

今塵集：秦漢時代的簡牘、畫像與文化流播
——卷三　簡牘、畫像與傳世文獻互證

要多繞幾圈，越具展示性。繞了幾圈的綬或許用鉤掛在腰帶上。[29] 綬末端兩頭則呈圭尖形，其上大致有縱橫和斜向花紋。畫像中有些花紋表現出來，有些卻沒有，綬末端的樣子也不一定準確呈現。前面提到的日本天理參考館所藏山東畫像就是一例，其綬末端並不尖，幾乎像平的（圖 23.1，又見圖 46）。

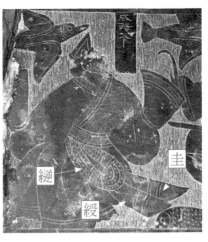

圖 50　河南曹操墓出土咸陽令畫像，石馬怡提供原石照片局部。

　　以上畫像中綬帶的形狀和結構或不準確或不完整，這是利用漢代圖像材料很大的限制。利用時不但要參考文獻，還要運用想像，多方推敲拼湊，才能得出一個較合理全面的圖像。不過就綬帶而言，也有少數較完整呈現的例子。例如可能出自安陽曹操墓的咸陽令畫像就較為完整地刻畫出了綬帶的綬、縌結構（圖 50）。根據傳世文獻，自腰帶下垂的綬帶上端部分叫做「縌」，縌下相連的叫做「綬」，綬的末端則為如「圭」的尖形。咸陽令畫像清晰完整地表現出腰帶右側之下縌、綬直接相連的狀態和圭形的兩末端。需要注意的是縌、綬之間並沒有文獻中提到的玉環或玉玦。玉環或玉玦呢？

　　原來環、玦可有可無。《續漢書‧輿服志》說得很明白「縌、

29　《太平御覽》，卷六九一〈鞶囊條〉引班固與弟超、貢書曰：「遺仲叔虎頭旁囊金銀鉤」。旁囊用鉤掛於腰帶，我推想綬帶與腰帶相連也須用鉤，本文附圖 23、24 人物腰帶上有成排的孔，可吊掛不同佩件。

綬之閑得施玉環、鐍云」。既云「得施」，可見玉環或玉鐍可有可無；鐍是有缺之環，即玦。幸好畫像中確實有不少施環的例子。例如前引河南鄧縣畫像石（圖 37），或者江蘇睢寧這幅畫像也可以清晰看見繶和綬之間有環（圖 51.1-2）：

圖 51.1　睢寧出土漢畫像石局部，《睢寧漢畫像石》（濟南：山東美術出版社，1998）。

圖 51.2　孫機，《漢代物質文化資料圖說（增訂本）》（2008）。

除了林巳奈夫和孫機先生舉證過的睢寧這幅，我還蒐集到一些繶、綬間有環的綬帶畫像（圖 52-56.1-2）：

說到這兒，我們利用圖像終於拼湊出傳世文獻所載綬帶的構件，但構件分別出現，仍不夠完整。有沒有綬帶構件更完整呈現的例子呢？請看以下這幅畫像（圖 57.1-3）：

從山東臨沂吳白莊漢墓的畫像石上可以看見繶似乎垂自領口左右衣衽之間，穿過腰帶而下，下繫一環；環之下為綬，綬環繞成圈，綬的兩頭末端呈圭尖形。繶、綬長短比例明顯不十分準確，又由於繶自左右衽之間而不是自腰間垂下，於文獻無徵，文獻明明說

圖 52　徐州白集漢墓畫像
局部，馬怡提供拓本照片。

圖 53　陝北子洲淮寧灣畫
像石局部，作者藏拓局部。

圖 54　山東省博物館藏山
東嘉祥宋山畫像石局部
2016.8.17 作者攝

圖 55　武氏祠西闕子闕
北面底層局部，《魯迅藏
漢畫象二》，圖 39。

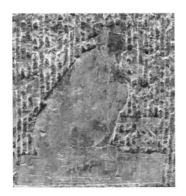

圖 56.1　北京故宮雕刻館藏山東
畫像石局部　2018.12.5 作者攝

圖 56.2　局部放大　拓片見傅惜華《漢代
畫像全集》初編 圖 166

衮帶
緌
環
圭
緌

圖 57.1-3　自左至右山東臨沂吳白莊漢墓出土漢畫像原石、拓本及原石綬帶細部，臨沂市博物館編，《臨沂吳白莊漢畫像石墓》（齊魯書社，2018）。

圖 58.1-2　《中國畫像石全集 1》（濟南：山東美術出版社，2000），圖 214 及局部黑白反轉。

圖 59.1　邳州市車夫山東漢墓畫像拓本采自王培永,《孔子漢畫像集》,頁 57。

「懷黃金之印,結紫綬於要
(腰)」(《史記·蔡澤列傳》)。
綬自衣衽或上衣領口間垂
下,十分奇異。可是我在山
東臨沂北寨和蘇北邳州市車
夫山畫像石上偏偏找到綬帶
自領口垂下,而非自腰間垂
掛的另外兩個例子(圖 58.1-2
至 59.1-2)。這些畫中人物的
造型有一共同特點,即都像
武士,或大袖旁張,或握劍
或佩劍。綞綬自領口而下是
武士或武吏特殊的佩綬方式

縌

環

綬

圖 59.2　原石局部,2010.7.8 作者攝
於徐州漢畫像石藝術館。

嗎?或是制度有變化?或因三例都見於魯南和蘇北,是這一地帶石
匠獨特的刻法?或是刻畫不夠準確?因為沒有其他例證可以參照,
暫時只能這樣草草結束對漢代印綬整體結構的介紹。

七 綬帶的織造

由於綬帶是彰顯漢代天子以至百官身分和權力最顯眼可視的符號，其織造就不能隨隨便便。二千石以上官員的綬帶必須由官方專業部門織造。織造者是中央考工令屬下的「主織綬諸雜工」。考工令是專門給皇帝和官府織造各種生活及軍工器物的單位。可惜的是，我們對於綬帶的織造方法及綬帶上的花紋幾乎一無所知。在這一點上，漢代畫像石和壁畫都不能提供足夠明確的資料。據張華《博物志》說，東漢光武帝喜歡西漢武帝時期一種二千石官所佩色彩和花紋都美的綬帶，名為「丙丁文」。但其織法，東漢初失傳，光武帝曾特別畫了丙丁文的圖樣，懸賞縑五十匹，徵求會織的人。結果一位王莽時曾任六安都尉的人應募，「狂癡三十日」，織造出來。

民間織工可以織造二千石以下官吏的綬帶。但政府對用什麼絲、長寬如何等都有嚴格的規定。《續漢書・輿服志》說：「民織綬，不如式，沒入官，犯者為不敬。二千石綬以上，禁民無得織。」所謂「不如式」，就是不合規格，官府不但要沒收掉，織者還犯了「不敬」之罪。不敬重者，足以棄市。

八 結論：從可視性看制度——一個仍待開發的領域

也許我比較幸運，有機會在這麼多較好的漢畫像圖錄出版後才向大家作報告，例如我就用了剛出版的《臨沂吳白莊漢畫像石墓》；或許也因為我長久留心圖像和制度，才會注意到圖中印綬這樣的課

題。

過去制度史的研究幾乎都以文字性的文獻為依據，[30]許多問題談不清楚，不好解決。如前面所說，印綬制的文獻歧異錯亂到像個泥坑，一直不敢去碰；既使去踫，單靠文獻版本校勘，也難有善果。這時圖像或可帶來曙光，例如我利用圖像來解釋文獻記載綬制中的「圭」，指出圭不是文樣單位而是綬帶末端尖圭形的部分，證明緄、綬確實有文獻所說二者迎逆相連的關係，另推測北洞山楚王陵郎中陶俑所佩可能是烙印有職名的木符而不是印綬。

但圖像也有利用上的局限，尤其漢世圖像不那麼寫實，常僅示意，甚至有錯誤，令今人不能真正掌握人物、器物等等的「真形」。不論石刻或壁畫，彩色或全脫或殘，沒有辦法較好地重建綬帶的顏色或核對文獻的記載，也不見印和緄、綬到底如何相連繫。在我們最想知道和最好奇的問題上，圖像資料都令人相當失望。

儘管如此，我仍要強調利用圖像，從符號可視性角度去思考所謂的「制度」，尤其是「政治制度」，可談的問題還有很多很多，這仍然是一個有待開發的領域。今天所說的印綬和鞶囊只是舉例。我開頭講過，秦漢以後，衣服、田宅、車馬、陵墓等所展示的權力和身分等級階序都具可視性，我們可以全面去看，也可以換個角度去看，結果可能就不太一樣。

---

30 鄧小南先生在一篇談圖畫作品的大文結尾曾說：「在以往的研究實踐中，我們所習慣利用的史料，常局限於文獻典籍，真正能夠有效調度多種資料的研究並不多見；我們所習慣的發問和討論方式，也迫切需要新鮮的滋養與刺激。在這一意義上，對於傳世的書畫作品，對於美術史卓有成效的研究，值得歷史研究者予以足夠重視。」見鄧小南，〈圖畫作品與宋代政治史研究〉《宋代歷史探求─鄧小南自選集》（北京：首都師範大學出版社，2015），頁 381。

例如換個角度看，印綬、鞶囊和閻步克先生說的禮器尊和爵都是器物，但有什麼不同嗎？尊、爵禮器本身不會移動，出現在固定的儀式性場合和一定的位置，以彰顯一定的尊卑秩序。人們不進入這個儀式空間，就無法見到尊和爵發生的作用和意義；能進入這個儀式空間的，通常又僅限於統治集團內部特定的群體而不是所有的人。

印章、印綬和鞶囊也是物品，但佩掛在官吏身上。秦漢以後，大小官員或議政於朝堂，或在大小衙門辦事，或在大隊人馬的簇擁之下出巡，穿街走巷，出入被支配的人群，他們的車馬、穿著裝扮和前導後從，不但展示著官員自己的身分和權力，更體現著一個統治集團的存在和力量。簡單說，他們和尊、爵禮器的一大不同，在於官員自己會移動，不囿於固定的場所，是統治集團無處不在的活招牌。西漢末從丞相到最低的佐史大大小小官吏有十二萬多人，他們不就是十二萬多塊活招牌嗎？

由此或可進一步想像，隨著官員移動，和官服搭配的印綬只可說是官服佩飾中最顯眼的標識，其可視性必須和其他伴隨移動的車馬、乘車或騎馬的屬吏、徒步的走卒等等整體的「可視性符號」合而觀之。漢代墓葬壁畫和畫像磚、石上有極多出行圖，場面壯觀，也有不少出土的車馬實物或陶、木、銅明器，都是討論「可視性」的好材料。

如果不限於官服本身，合車馬等而觀之，出行的官員乘坐在馬車中，腰間的鞶囊和腰下的綬帶很容易被車箱遮蔽，什麼才「最可視」，最引人注目呢？想想東漢光武帝年輕時有一回到長安，「見執金吾車騎甚盛，因歎曰：仕宦當作執金吾，娶妻當得陰麗華。」執金吾僅僅是一名長安城防司令，出巡時除了乘車的大小屬吏，另

有兩百名穿著赤黃色甲衣的騎士（緹騎）前呼後擁，其車騎威風的程度已使小小的劉秀為之心動。劉秀很容易就看見了執金吾車騎的壯盛，但官員們的綬帶、鞶囊或印章呢？因為他們坐在車中，印綬之類被車廂擋住，劉秀想看都看不到。大家不妨查查漢墓出土的陶、木、銅車馬明器、畫像石和壁畫中乘車的官員，凡坐在車裡的，不論職位高低，沒有任何一位的印綬不被車廂遮蔽而不可見（圖 60.1-3）。

　　同樣的，再想想曾親見秦始皇出巡車隊的劉邦和項羽，為什麼會動了「大丈夫當如此」或「彼可取而代之」的念頭？秦漢皇帝出巡的陣仗比執金吾要大太多了。蔡邕《獨斷》說：「古者諸侯貳車九乘。秦滅九國，兼其車服，故大駕屬車八十一乘也。」《續漢書·輿服志》說：「大駕屬車八十一乘，法駕半之。屬車皆皁蓋赤裏，朱轓，戈矛弩箙，尚書、御史所載。最後一車懸豹尾，豹尾以前比省中。」秦漢皇帝出巡，陣仗大小因出巡目的和場合而有大駕、法駕、小駕等區別，隨駕的屬官和護衛成千上萬，車馬裝飾和旗幟之光鮮盛大，可以說無與倫比。曾隨漢成帝赴甘泉行郊祠的揚雄在〈甘泉賦〉中曾這樣描寫皇帝車駕的氣勢：「乘輿乃登夫鳳皇兮翳華芝，駟蒼螭兮六素虯…流星旄以電燭兮，咸翠蓋而鸞旗。敦萬騎於中營兮，方玉車之千乘…。」鸞旗玉車，萬騎千乘一般的陣仗怎能不激起劉邦、項羽這般豪傑的野心？就整個車駕隊伍來說，「最重要的標識」或「最可視」的符號明顯不會是印綬和鞶囊。天子的車駕難得見到，但無處不在的大小地方官員出巡時前呼後擁的車馬隊伍，無疑才是小老百姓日常最容易看到，最耀眼，最能彰顯統治權威的符號（圖 60.4）。

　　這個有趣的問題，今天沒有觸及，討論空間還很大。我們如果

圖60.1 「君車」畫像局部 傅惜華《漢代畫像全集》初編 圖225

圖60.2 內蒙古伊金霍洛旗漢墓墓門橫楣畫像石局部 2018.10.26 作者攝自鄂爾多斯青銅器博物館

圖60.3 俄軍編《甘肅省博物館--文物精品圖集》 三秦出版社 2006 雷台漢墓出土銅馬車

圖60.4 甘肅武威雷台漢墓出土成套銅車馬 甘肅省博物館藏

不是從可視性的角度談制度，不是換角度看問題，轉而注意可視性符號的「靜」與「動」、「個別」和「整體」符號在不同情境下的「可視性」，就不會提出以上的觀察。

　　最後回頭說一下我開頭強調的顏色和身份階序。如前面所說，除了印綬和衣冠，車馬無疑是權力和身份階序的重要符號。[31]西漢景帝曾在詔書中特別將大小官員的車馬、衣冠上升到所謂「吏體」的高度。所謂吏體是指官吏要有當官吏的樣子或威儀。擺出來給眾人看的車馬、衣冠都要合乎規矩，不但官員自己，跟隨他出入的都不得不合乎規矩，不合規矩的要處罰。請注意景帝不但關注衣服，更特別強調不同等級官員所乘馬車的車輣（車輪上的擋泥板）應用不同的顏色。漢代壁畫雖有很多繪製不夠準確，不那麼寫實，但景帝所說的千石至六百石車「朱左輣」，二千石車「朱兩輣」，確實有圖可證。在河南滎陽市王村鄉萇村東漢墓壁畫上，墓主任縣令和二千石郡守時乘坐的軺車就清楚有別，縣令車輣左紅右黑，郡守車兩輣都塗成朱紅（圖 61～62）。河北逯家莊漢墓壁畫雖沒有榜題，車騎出行場面十分浩大，佔滿中室東西南北四壁，成百車騎中唯有南壁約略中央有一車的兩側車輣都呈朱紅色，乘坐其上的應該是地位最高，二千石的墓主吧（圖 63.1-63.2）。陝西靖邊楊橋畔渠樹壕漢墓壁畫也有車騎，其中有「夫子車」朱右輣，這位夫子位秩當在二千石，甚至六百石以下（圖 64）。[32]可見官員不論生前死後都得依規合

31　從漢至隋代車馬制度的變化可參劉增貴，《漢隋之間的車駕制度》，《中央研究院歷史語言研究所集刊》63 本 2 分（1993），頁 371-453。

32　閻步克引《漢舊儀》等，認為丞相車黑兩輣應是景帝時規定的。參前引閻著《從爵本位到官本位》頁 449 及注 4。靖邊壁畫夫子車朱右輣不見於景帝六年五月詔書，看來也有可能是景帝時規定的。可惜《漢書》徵引詔書常刪節，景帝詔僅及六百

圖 61　河南滎陽萇村漢壁畫墓中皂蓋朱左轓軺車榜題「〔供北〕陵令時車」，《中國出土壁畫全集》5。

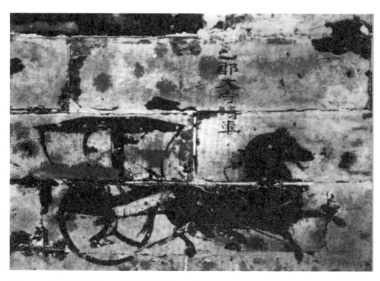

圖 62　河南滎陽市王村鄉萇村東漢墓皂蓋朱兩轓的軺車榜題「巴郡太守時車」，《中國出土壁畫全集》5。

　今塵集：秦漢時代的簡牘、畫像與文化流播
　　── 卷三　簡牘、畫像與傳世文獻互證

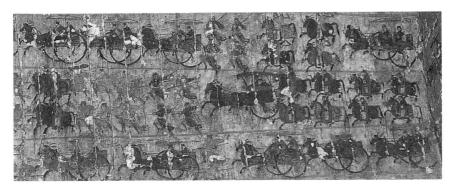

圖 63.1　河北逯家莊漢墓中室南壁壁畫局部　《河北古代墓葬壁畫》文物出版社2000

圖 63.2　河北逯家莊漢墓壁畫中皂蓋朱兩輈的軺車《河北古代墓葬壁畫》，（北京：文物出版社，2000）。

圖 64　靖邊楊橋畔渠樹壕漢墓壁畫中白蓋朱右輈的軺車有「夫子車」榜題，《中國出土壁畫全集 7》（2009）。

度，講究所謂的「吏體」，而吏體有很大一部分即體現在衣冠、印綬和車馬等等的顏色上。不合規矩的顯然也不少，否則不會惹得景帝想要特別下詔。現在抄錄景帝六年五月詔中的幾句話當作結束：

至二千石，不及六百石以下，也不見關於車蓋顏色的規定，應是刪節的結果。從漢墓壁畫看，大部分出行的屬車根本沒有車輈，可見有無車輈，車輈、車蓋的顏色原來都應有等級分明的規定。車輈制又參孫機，《漢代物質文化資料圖說（增訂本）》，頁 114。

夫吏者，民之師也，車駕、衣服宜稱。吏六百石以上，皆長吏也，亡度者或不吏服，出入閭里，與民亡異。今長吏二千石車朱兩轓，千石至六百石朱左轓。車騎從者不稱其官衣服，下吏出入閭巷亡吏體者，二千石上其官屬，三輔舉不如法令者，皆上丞相御史請之。（《漢書・景帝紀》）

後記

本文原為 2018 年 12 月 10 日在北京大學人文社會科學研究院的一場演講，承文研院王瑞先生整理出逐字稿，我據以增補改寫，但保留演說的口氣。感謝文研院邀約，也感謝侯旭東兄無私提供日本學者的相關論著，在增補過程中，多承籾山明和耿朔教授熱心討論和協助。

109.4.5

邢義田作品集

今塵集：秦漢時代的簡牘、畫像與文化流播
　　卷三：簡牘、畫像與傳世文獻互證

2021年5月初版　　　　　　　　　　　　　　　　定價：新臺幣750元
有著作權・翻印必究
Printed in Taiwan.

		著　　者	邢　義　田
叢書主編	沙　淑　芬
校　　對	王　中　奇
內文排版	菩　薩　蠻
封面設計	兒　　日

出　版　者	聯經出版事業股份有限公司	副總編輯	陳　逸　華
地　　　址	新北市汐止區大同路一段369號1樓	總編輯	涂　豐　恩
叢書主編電話	(02)86925588轉5310	總經理	陳　芝　宇
台北聯經書房	台北市新生南路三段94號	社　長	羅　國　俊
電　　　話	(02)23620308	發行人	林　載　爵
台中分公司	台中市北區崇德路一段198號		
暨門市電話	(04)22312023		
台中電子信箱	e-mail：linking2@ms42.hinet.net		
郵政劃撥帳戶	第0100559-3號		
郵撥電話	(02)23620308		
印　刷　者	文聯彩色製版有限公司		
總　經　銷	聯合發行股份有限公司		
發　行　所	新北市新店區寶橋路235巷6弄6號2樓		
電　　　話	(02)29178022		

行政院新聞局出版事業登記證局版臺業字第0130號

本書如有缺頁，破損，倒裝請寄回台北聯經書房更換。　　ISBN　978-957-08-5759-7 (精裝)
聯經網址：www.linkingbooks.com.tw
電子信箱：linking@udngroup.com

國家圖書館出版品預行編目資料

今塵集：秦漢時代的簡牘、畫像與文化流播
卷三：簡牘、畫像與傳世文獻互證/邢義田著．初版．
新北市．聯經．2021年5月．280面．14.8×21公分
（邢義田作品集）
ISBN　978-957-08-5759-7（精裝）

1.秦漢史　2.簡牘學　3.文化史

621.9　　　　　　　　　　　　　　　110004284